Perspectives 2

Französisch für Erwachsene

Kursbuch

Cornelsen

Perspectives 2

Französisch für Erwachsene
Kursbuch

Im Auftrag des Verlages herausgegeben von	Pierre Sommet
Erarbeitet von	Anne Delacroix, Pierre Le Borgne und Annette Runge
In Zusammenarbeit mit der Redaktion	Dr. Ulrike Litters (verantwortliche Redakteurin) sowie Cécile Hoene und Joséphine Bernhardt (redaktionelle Mitarbeit), Dr. Gunther Weimann (Projektleitung)
Beratende Mitwirkung	Violaine von Bassewitz (VHS Viersen), Elisabeth Beitinger (VHS Ingolstadt), Heidrun Berberich-Ernst (VHS Weingarten), Heike Greczko-Kürschner (VHS Karlsruhe) und Marie-Laure Wieacker-Wolff (VHS Freiburg)
Illustrationen	Rony Turlet
Gesamtgestaltung u. techn. Umsetzung	Anna Bakalović und Annika Preyhs, Berlin
Umschlagfotos	Avignon, Rue des Teinturiers (Schapowalow) TGV France (Gaillarde Raphael: Gamma Press Images)

Weitere Kursmaterialien

Arbeitsbuch	(ISBN 978-3-464-20105-3)
Audio-CD	(ISBN 978-3-464-20108-4)
Vokabeltaschenbuch	(ISBN 978-3-464-20113-8)
Handreichungen für den Unterricht	(ISBN 978-3-464-20106-0)
Einstufungstest für alle Bände	(ISBN 978-3-464-20124-4)

www.cornelsen.de

Die Internetadressen und -dateien, die in diesem Lehrwerk angegeben sind, wurden vor Drucklegung geprüft. Der Verlag übernimmt keine Gewähr für die Aktualität und den Inhalt dieser Adressen und Dateien oder solcher, die mit ihnen verlinkt sind.

1. Auflage, 6. Druck 2009

Alle Drucke dieser Auflage sind inhaltlich unverändert und können im Unterricht nebeneinander verwendet werden.

Druck: CS-Druck CornelsenStürtz, Berlin

ISBN 978-3-464-20104-6

Inhalt gedruckt auf säurefreiem Papier aus nachhaltiger Forstwirtschaft.

Erläuterung der Symbole

→8 .... Hörverstehen, Track 8 auf der Audio-CD

→ AB 1(V); 2(G); 3(C); 4(AS) .... Verweise zum Arbeitsbuch: Üb.1 (vocabulaire); Üb.2 (grammaire); Üb.3 (communication); Üb.4 (activités supplémentaires)

Liebe Lernerin, lieber Lerner,

Perspectives 2 ist der zweite Band eines dreibändigen Lehrwerks, das Sie Schritt für Schritt mit der französischen Sprache vertraut macht und Sie von Anfang an zum Sprechen anregt. Dieser Band führt Sie zur Kompetenzstufe A 2 des Gemeinsamen Europäischen Referenzrahmens für Sprachen und der dritte Band zum Europäischen Sprachenzertifikat Französisch.

Das Kursbuch *Perspectives 2*
Das Kursbuch *Perspectives 2* enthält 12 *unités* und drei *options*.
Die 12 *unités* bestehen jeweils aus acht Seiten. Die erste bilderreiche Seite ist der Auftakt und führt hin zum Thema einer *unité*. Es folgen vier Seiten mit abwechslungsreichen Texten, Dialogen und Aktivitäten, die es Ihnen ermöglichen, Ihre sprachliche Kompetenz kontinuierlich auszubauen. In der Randspalte finden Sie Hinweise zur Grammatik, Informationen zu Land und Leuten, Lerntipps sowie Verweise auf Übungen im Arbeitsbuch und im Internet. Mit der Seite sechs, der *document*-Seite, können Sie ins «Authentische» eintauchen und sich verstärkt mit der französischen Lebenswelt vertraut machen. Die beiden *Repères*-Seiten fassen Redemittel, Grammatik und Aussprache auf einen Blick zusammen und enthalten kurze Wiederholungsübungen – die Lösungen zu diesen Übungen finden Sie im Anhang. Gelegenheit zum spielerischen Wiederholen bieten Ihnen die *options* nach *unité 4, 8* und *12*. Außerdem bereiten die *options* auf verschiedene Tests vor: *option 1* auf die DELF-Prüfung A 1, *option 2* auf die DELF-Prüfung A 2 und *option 3* auf den Test A 2 (Europäischer Referenzrahmen).
Der Anhang von *Perspectives 2* enthält eine systematische Grammatikübersicht, ein französisch-deutsches Vokabelverzeichnis, die Hörtexte, die sich nur auf der Audio-CD befinden, Lösungen der Übungen auf den *Repères*-Seiten und der Tests in den *options* sowie Partnerübungen.

Das Arbeitsbuch
Das farbige Arbeitsbuch bietet weiterführende Übungen, die selbstständig zu Hause oder im Kurs bearbeitet werden können. Es ist gegliedert nach den Bereichen *vocabulaire*, *grammaire*, *communication* und *activités supplémentaires*. Sie können also eigene Schwerpunkte setzen und ein für Sie passendes «Lernmenü» zusammenstellen. Am Ende jeder *unité* können Sie im Abschnitt *bilan* Ihre persönliche Lernbilanz ziehen. Den Lösungsschlüssel finden Sie im Anhang. Das Arbeitsbuch enthält außerdem noch eine Audio-CD zum entspannten Vokabellernen mit musikalischer Untermalung.
Das Vokabeltaschenbuch
Im Vokabeltaschenbuch stehen alle neuen Wörter in der Reihenfolge ihres Auftretens mit Angaben zur Aussprache, der Übersetzung und einem Beispielsatz.
Die Audio-CD
enthält alle Hörtexte des Bandes.
Online
Unter **www.cornelsen.de/perspectives** gibt es für die Arbeit mit *Perspectives* ein Zusatzangebot, das das Lernen und Lehren erweitert und ergänzt.

Viel Spaß und viel Erfolg beim Französischlernen mit *Perspectives* wünschen Ihnen die Autoren und der Cornelsen Verlag!

Sie lernen sich kennen.
Sie tauschen sich über Ihr Frankreichbild aus.
Sie stellen Fragen und lernen Ausdrücke zur Verständnissicherung.

BIENVENUE

1. Vous êtes déjà allé/e en France? Où?
2. Qu'est-ce que vous aimez en France?
3. Qu'est-ce que vous avez de français chez vous?
4. Quels/Quelles artistes français/es connaissez-vous?
5. Quelle est votre spécialité française préférée?
6. Quel est votre mot français préféré?

1. Travaillez en groupes de trois à six. Chaque personne choisit une ou deux questions dans la liste et la/les pose aux autres. Le groupe présente ensuite chaque personne à la classe: à tour de rôle, donnez les réponses de la personne présentée.

2. Pour mieux vous connaître, faites une liste pour toute la classe avec les réponses aux questions 3 et 4.

le Pays basque

3. Regardez les photos. Connaissez-vous d'autres régions, personnalités, spécialités, œuvres d'art ou produits français?

«Le Baiser» de Rodin

la moutarde Maille

Paul Bocuse

les huîtres

4. Écoutez l'interview d'une Française qui habite en Allemagne. Prenez des notes à deux. Puis, en groupe, résumez les réponses de la femme.

5. Qu'y a-t-il de français dans votre ville?

Rappel

Fragen zum Namen
Vous êtes Monsieur/Madame/Mademoiselle Legrand?
Tu es Stéphane?
Quel est votre nom?
Comment vous appelez-vous?
Tu t'appelles comment?
Vous êtes ...?

Sich/Jemanden vorstellen
Je m'appelle .../Je suis ...
C'est Pierre/Monsieur .../Madame .../Mademoiselle ...

Über jemanden sprechen
C'est qui?
C'est ...
Il/Elle est journaliste ...
Il/Elle habite à Paris ...
Il/Elle travaille chez Peugeot/ à Lyon ...
Il/Elle est allemand/e.
Il/Elle est célibataire.
Il/Elle est marié/e.
Il/Elle est divorcé/e.
Il/Elle est veuf/veuve.
Il/Elle a ... ans.
Il/Elle a deux enfants.
Il/Elle n'a pas d'enfants.
Il/Elle aime beaucoup/bien/assez le cinéma ...
Il/Elle adore la musique ...
Il/Elle n'aime pas (du tout) l'architecture moderne ...
Il/Elle déteste le foot ...
Il/Elle fait de la voile/du ski/de l'escalade ...

Hilfen zur Verständnissicherung
J'ai oublié comment on dit «Werbung» en français.
Je n'ai pas compris./Je ne comprends pas.
Je ne sais pas (comment on dit «ledig» en français).
Vous pouvez répéter, s'il vous plaît?
Parlez moins vite, s'il vous plaît.
Qu'est-ce que le mot «plaisanterie» veut dire?

UNITÉ 1

LE TEMPS LIBRE

Sie lernen zuzustimmen und zu widersprechen. Sie lernen, Situationen zu beschreiben und über Vergangenes zu berichten. Das passé composé **wird erweitert. Die Verben auf** -ir **und** -re **werden vorgestellt.**

→2 **1. Le portable de la jeune femme sonne. Qu'est-ce qu'elle répond?**

2. Imaginez la suite de la conversation téléphonique, puis jouez la scène.
Je vais bien./Je suis à la plage .../Devine où je suis!
Il y a ... /Je vois .../Il fait .../L'ambiance est .../Les gens ...
Tu viens vite ... et tu apportes ton maillot!

• Vom vergangenen Urlaub erzählen

Bonnes vacances!

ÉCOUTER

→3 **1. Écoutez et lisez les textes. Retrouvez les questions du journaliste.**

60 % des Français sont partis en vacances cette année. Où sont-ils allés? *Une enquête de Gérard Dormans.*

Christelle S., 32 ans, graphiste – Cette année, je suis restée à Paris: avec l'opération Paris-Plage, j'ai passé de très bonnes vacances. La mairie de Paris a transformé les bords de la Seine en promenade, avec une vraie plage de sable; il n'y avait pas une seule voiture. Regardez, j'ai même bronzé. Les jours de pluie, j'ai visité des expositions et des musées et je suis allée au cinéma. D'habitude, Paris est triste au mois d'août. Mais maintenant tout a changé: l'année prochaine, c'est sûr, je reste à Paris, et j'invite des amis pour une semaine ou deux.

Les D.: Sophie, 38 ans, ingénieur; Louis, 42 ans, au chômage; Camille, 11 ans, collégien – Cette année, on est partis quatre semaines au mois d'août. D'abord, on est allés en Touraine. Nous avons passé une semaine en famille dans la maison de campagne des parents de Sophie. Son frère et des cousines sont venus aussi pour un week-end. Courses au marché sur la place du village, apéritif chez des amis, promenades à vélo, pique-niques, visite de châteaux... Ensuite, on a continué en camping-car, on a même dormi une fois à la belle étoile. Un jour ici, un jour là. On est allés deux ou trois fois jusqu'à la mer, mais en été, il y a un monde fou et les restaurants coûtent les yeux de la tête. C'est très mauvais pour notre budget. Nous avons préféré les bords de la Loire. L'année prochaine, nous voulons aller à l'étranger en camping-car, peut-être en Espagne.

Bénédicte et Jérôme B., professeurs, 29 ans tous les deux – Cette année, nous ne sommes pas allés loin mais le dépaysement a été total. Nous avons décidé de visiter un pays voisin, l'Allemagne, parce que Jérôme a appris* l'allemand au lycée. On a donc fait une croisière sur le Rhin. Trois jours sur un bateau, c'est fabuleux: nous avons vu la Loreleï, visité Coblence, goûté le vin blanc allemand de la vallée du Rhin, nous avons dansé, nous avons chanté... À la fin de notre voyage, nous avons pu passer deux jours à Baden-Baden. Baden-Baden, c'est un peu le paradis: des hôtels excellents, des restaurants exceptionnels, et des thermes merveilleux. Bien sûr, nous sommes allés au casino, nous avons joué et nous avons eu beaucoup de chance. Nous sommes rentrés en France plus riches qu'à notre départ. L'année prochaine, nous voulons découvrir l'Autriche.

*⚠ apprendre wird wie prendre konjugiert.

2. Quels titres pouvez-vous donner à ces interviews?

a. Les plaisirs de l'Allemagne
b. Bronzer à Paris
c. L'Allemagne, c'est cher
d. Luxe en Touraine
e. Paris au mois d'août, c'est nul
f. Campagne, liberté, famille

DÉCOUVRIR

3. Complétez les tableaux avec les verbes des interviews.

passé composé (+ avoir)		
on	___	(faire)
(il)	___	(apprendre)
on	___	(dormir)
nous	___	(voir)
nous	___	(pouvoir)
nous	___	(avoir)

passé composé (+ être)		
je	___	(rester)
on	___	(aller)
on	___	(partir)
nous ne	___ pas ___	(aller)
nous	___	(rentrer)
(ils)	___	(venir)

S'ENTRAÎNER

4. *Être* ou *avoir*? Racontez l'histoire au passé composé.

1. Elle fait sa valise.
2. Elle part en vacances.
3. Elle va à l'aéroport.
4. Elle a faim.
5. Elle mange un sandwich.
6. Elle cherche sa place dans l'avion.
7. Un homme arrive.
8. Ils parlent ensemble.
9. Ils font connaissance.
10. Ils passent leurs vacances ensemble.
11. Ils restent ensemble toute leur vie.

INFO

Les vacances des Français.
40 % des Français ne partent jamais en vacances, mais 20 % partent au moins trois fois dans l'année. Les destinations sont avant tout françaises (plus de 90 %), avec la mer en tête (39 % des séjours), puis la campagne (35 %), la montagne (16 %) et la ville en dernier (8 %).

5. Racontez ce que Xavier et Claire ont fait pendant leurs vacances. Utilisez les verbes *aller, apprendre, avoir, être, faire, partir, pouvoir, rester, retrouver, visiter, voir* au passé composé.

PARLER

6. Qu'avez-vous fait le week-end dernier / pendant vos dernières vacances? Vous répondez aux questions d'un journaliste et vous parlez de vos activités. Jouez la scène en petits groupes.

→ AB 1 (V); 5, 6 (G); 9 (C)

• Zustimmen und widersprechen

Bonne soirée!

partir

je pars
tu pars
il/elle/on part
nous partons
vous partez
ils/elles partent

⚠ Wie **partir** wird auch **sortir** konjugiert.

répondre

je réponds
tu réponds
il/elle/on répond
nous répondons
vous répondez
ils/elles répondent

⚠ Genauso **attendre** und **descendre**

LIRE

7. Lisez le mail. Qu'est-ce que Jean-Pierre va faire après la réunion? Quel est son programme pour la soirée?

Nouveau message
Fichier Edition Affichage Message Insertion Formater ?

A : Nathalie
Cc : < cliquez ici pour entrer les destinataires en copie >
Objet : surprise!

Chérie,
Tu ne réponds pas, je veux dire, le téléphone de la maison ne répond pas et ton portable non plus: je t'envoie donc un mail. Je sors de réunion et je vais prendre le TGV avec deux autres collègues. Notre TGV part de Rennes à 12 heures 42 et, surprise! je vais arriver à Paris à 14 heures 51, et non pas à 22 heures 20. Nous passons rapidement au bureau, nous répondons à deux ou trois clients. Ensuite je descends prendre la voiture au parking du bureau, périphérique, 10 minutes d'autoroute, et à 5 heures, mon cœur, tu es dans mes bras.
Après une semaine passée loin de toi, on peut dîner dans un petit restaurant sympa. Nous ne sortons pas souvent ensemble: j'ai donc téléphoné au «Bouchon de cristal» et réservé une table pour deux. Ils attendent notre confirmation vers 6 heures. Et après, mon petit cœur, la nuit est à nous. Que penses-tu de ce petit programme, ma chérie? J'attends ta réponse avec impatience.
Bisous
Ton JP adoré

● Il va prendre le train de 12h42. Il va arriver plus tôt à Paris ...

ÉCRIRE

8. Imaginez la réaction de la femme de Jean-Pierre quand elle lit le mail et écrivez sa réponse.

- c'est super/c'est une idée sympathique ...
- je suis désolée, mais ...
  je suis malade/j'ai invité ...
- je préfère ...
- je t'embrasse/bisous ...

→ AB 7 (G); 12 (C)

S'ENTRAÎNER

9. À son arrivée, Jean-Pierre trouve un petit mot. Complétez le texte avec *attendre* et *sortir* au présent.

Mon JP,

Désolée de ne pas être là quand tu rentres, mais ce soir je ________.
Corinne et Isa ________ depuis longtemps cette soirée entre filles!
Quand vous ________, Thierry, José et toi, nous ________ toujours sagement à la maison. Alors, aujourd'hui, c'est à ton tour!
Nous voulons aller en boîte, alors n'________ pas mon retour pour aller au lit; mais s'il te plaît, ________ le chien!
Bisous
Nath.

JOUER

10. Regardez les tableaux. Aimez-vous les mêmes choses que Jean-Pierre et Nathalie?

Jean-Pierre	
aime	n'aime pas
– les surprises	– les répondeurs
– rouler vite sur l'autoroute	– les réunions
– les dîners en tête à tête	– les voyages en train

Nathalie	
aime	n'aime pas
– les portables	– l'internet
– les soirées entre amies	– rester seule à la maison
– les boîtes de nuit	– les chiens

● Moi aussi, j'aime les soirées entre amis./
Moi non plus, je n'aime pas les répondeurs.

11. Circulez dans la classe et trouvez deux personnes qui ont les mêmes goûts ou activités que vous. Racontez.

■ Le dimanche, je fais du sport. Et vous/toi?
● Moi aussi, je fais du sport le dimanche./Moi, non. Le dimanche, je ne fais pas de sport.

■ Je n'ai pas de portable. Et vous/toi?
▲ Moi, si./Moi non plus, je n'ai pas de portable.

■ Je fais du sport le dimanche. Anne et Peter aussi.
Je n'ai pas de portable./Karin et Norbert non plus.

→ AB 2, 3, 4 (V); 8 (G); 10, 11 (C)

Document

12. Lisez le texte. De quoi s'agit-il?

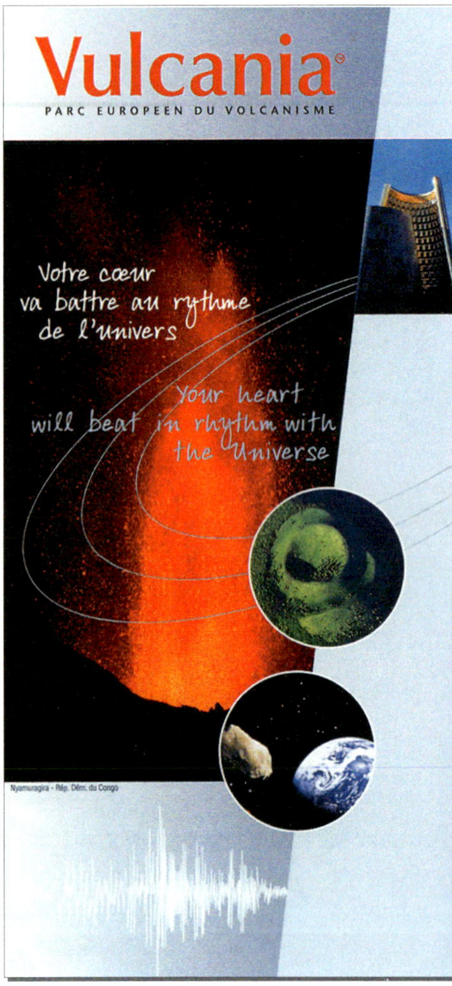

Quelques jours de vacances en Auvergne, pourquoi pas?

Le Pays de Vulcania vous accueille pour vos vacances, vos week-ends, dans le Parc des Volcans d'Auvergne, au cœur du Massif central. Vous pouvez y pratiquer de nombreuses activités sportives (la randonnée en montagne, le parapente au sommet du Puy de Dôme), faire des visites culturelles (église romane d'Orcival, cathédrale de Clermont-Ferrand, châteaux, villes thermales, Eaux de Volvic) et visiter le Parc européen du volcanisme: Vulcania.

Vulcania

Dans le parc d'exploration scientifique sur les volcans et les sciences de la Terre, diverses attractions, animations et simulations font découvrir aux visiteurs l'activité de la Terre, les manifestations volcaniques, les tremblements de terre. [...] «Le théâtre de l'Univers» entraîne le visiteur dans un grand voyage à travers l'espace et le temps, de la naissance de notre système solaire à son organisation [...]. «La Rivière incandescente» offre la reconstitution d'une coulée de lave, et dans «la salle du grand spectacle» on voit des éruptions en grandeur nature.

Réservations (groupes):
par téléphone ou par mail
Billetterie: sur place
tel: 33 (0)4 73 19 7000
e-mail: bienvenue@vulcania.com

13. Quels mots du texte correspondent aux mots suivants?

a. romanisch
b. europäisch
c. Attraktion
d. Animation
e. Simulation
f. Universum
g. System
h. Organisation
i. Lava

14. Quels mots connus reconnaissez-vous dans les mots suivants?

a. accueillir
b. nombreux/ses
c. thermal/e
d. différent/e
e. la visite/le visiteur
f. à travers
g. le volcanisme/volcanique
h. solaire
i. la grandeur
j. la billetterie

→ AB 13, 14, 15 (AS)

Repères

KOMMUNIKATION

Über vergangene Ferien sprechen
J'ai passé de bonnes/mauvaises vacances.
Je suis resté/e à Paris/à la maison ...
Nous sommes allés en Allemagne ...
On est partis quatre semaines.
On a eu chaud/froid.
Nous avons eu de la chance.
J'ai bronzé.
On a fait un voyage/une croisière/une randonnée ...
On a visité un musée/une exposition/Baden-Baden ...
Nous avons vu la Loreleï/Coblence ...
Nous avons dormi à la belle étoile/à l'hôtel ...

Eine Situation beschreiben
Je suis à Paris/sur la plage/au bord de l'eau ...
Il y a du sable/des arbres ...
Il fait beau/chaud/mauvais ...
On voit la mer/des maisons/Coblence ...
L'ambiance est sympathique/agréable/mauvaise ...
Les gens sont gais/bronzés ...

Zustimmen/Widersprechen
■ Je suis libre ce soir.
● Moi aussi./Moi pas./Moi non.

■ Je n'ai pas de cigarettes.
● Moi si./Moi non plus.

Vorhaben ausdrücken
Je vais prendre le TGV de 12h52.
Nous allons sortir ensemble ce soir.

1. Was sagen Sie in folgenden Situationen?
a. Sie haben schöne Ferien verbracht.
b. Sie sind drei Wochen weggefahren.
c. Sie haben Glück gehabt.
d. Sie haben viele Städte gesehen.
e. Sie haben im Wohnmobil geschlafen.
f. Sie haben keine Postkarten verschickt und auch nicht angerufen.

GRAMMATIK

Die Konjugation des Verbs sortir und der regelmäßigen Verben auf -re

sortir		répondre	
je sors	nous sortons	je réponds	nous répondons
tu sors	vous sortez	tu réponds	vous répondez
il/elle/on sort	ils/elles sortent	il/elle/on répond	ils/elles répondent

Passé composé: je suis sorti/e
Passé composé: j'ai répondu

Genauso:
partir: je pars – nous partons
Passé composé: je suis parti/e
dormir: je dors – nous dormons
Passé composé: j'ai dormi

attendre: j'attends – nous attendons
Passé composé: j'ai attendu
descendre: je descends – nous descendons
Passé composé: je suis descendu/e

Das passé composé

Die Bildung des Partizips:

Verben auf -er bilden das Partizip auf -é: allé, dansé, chanté

Verben auf -ir bilden das Partizip auf -i: parti, sorti, dormi

oder auf -u: venu

Verben auf -dre bilden das Partizip meistens auf -u: attendu, descendu, répondu

Unregelmäßige Partizipien:

être – été
avoir – eu
faire – fait
mettre – mis
prendre – pris
pouvoir – pu
voir – vu
connaître – connu

2. Setzen Sie die Sätze ins *passé composé*.

Nous passons nos vacances au bord de la mer. Nous restons deux semaines à Trébeurden, en Bretagne. Nous partons le 2 juillet et rentrons le 16. Il fait beau et nous avons très chaud. Nous prenons des bains de soleil. Nous voyons aussi nos amis, nous prenons souvent l'apéritif ensemble.

LERNTIPPS

Lesestrategien

Wenn Sie einen unbekannten Text lesen, der Ihnen auf den ersten Blick schwierig erscheint, suchen Sie, bevor Sie zum Wörterbuch greifen, alles, was Sie verstehen (und nicht umgekehrt):

- die transparenten/internationalen Wörter
- die Wörter, die einer anderen Sprache ähneln (Englisch, Spanisch …)
- die Wörter, die Sie ableiten können, weil Sie bereits ein Wort der selben Familie kennen: Vielen Verben entspricht z. B. ein Nomen mit der Endung *-ion*. Diese Wörter sind alle feminin.

3. Welche Verben entsprechen folgenden Nomen?

1. la préparation	___	6. la comparaison	___
2. la prononciation	___	7. la réservation	___
3. l'imagination	___	8. l'invitation	___
4. l'interrogation	___	9. la consommation	___
5. la discussion	___	10. la confirmation	___

UNITÉ 2

ÇA ME VA?

Sie lernen über Kleidung zu sprechen. Die direkten Objektpronomen, die Demonstrativbegleiter, die Verben auf -ir sowie essayer werden vorgestellt.

le chemisier
le maillot de bain
le soutien-gorge
le slip
les collants

1. **Madame Dufour part en voyage d'affaires. Quels vêtements est-ce qu'elle emporte? Quels vêtements est-ce qu'elle n'emporte pas?**
   Elle emporte un pantalon, …

2. **Quels vêtements sont en laine? en coton? en cuir? en synthétique?**
   Le pull est en laine. Les chaussures sont en …

3. **L'un après l'autre: Je fais ma valise.**
   - Je pars en voyage et j'emporte un pull noir.
   - Je pars en voyage, j'emporte un pull noir et une jupe bleue.
   - Je pars en voyage, j'emporte un pull noir, une jupe bleue et …

4. **Quel/s vêtement/s avez-vous acheté/s dernièrement?**
   J'ai acheté un pantalon noir en coton.

la laine
le coton
le lin
la soie
le cuir
le synthétique

• Einen Vorfall beschreiben

Affaires de rechange

ÉCOUTER

1. Regardez les images. À votre avis, comment est-ce que l'histoire continue? Imaginez le dialogue.

- Il a essayé de voler mon sac!
- Merci, Monsieur. Je peux faire quelque chose pour vous?

essayer
j'essaie
tu essaies
il/elle/on essaie
nous essayons
vous essayez
ils/elles essaient
⚠ genauso payer/-yer

→ AB 10 (C)

2. Écoutez et lisez le dialogue. Racontez ensuite le problème de David et la proposition de la dame. (→4)

- Oh, mon sac! Merci, Monsieur! ... Et vous, ça va?
- Je suis un peu sonné, mais ça va!
- Ouf, tant mieux. Enfin, vos vêtements sont trempés et ils sont sales! Il faut les mettre au pressing!
- Oh non! Mais qu'est-ce que je vais faire? Je n'ai aucune affaire de rechange et j'ai mon entretien d'embauche dans 2 heures!
- Pas de panique, on va bien trouver une solution. De quoi avez-vous besoin?
- Ben, de tout! Un pantalon, une veste, une chemise, une cravate...
- Hum ... J'habite à deux pas d'ici ...
- Ah non, je ...
- Non, non, pas de protestations, je vous dois bien ça! Vous venez avec moi et vous prenez une douche. Mon fils a un costume tout neuf, il ne le met jamais! Vous devez faire à peu près la même taille. Vous voulez l'essayer? Il y a aussi une chemise assortie! Elle sort de la machine à laver, il faut la repasser, mais c'est fait en 5 minutes. Et les cravates, mon mari les collectionne. Je ne sais plus où les ranger!
- Écoutez, c'est très gentil, mais ça ne va pas être possible, ça me gêne. Je préfère aller dans un grand magasin. Il y a beaucoup de rayons et je suis sûr de trouver mon bonheur.
- Bon, comme vous voulez. Il y a le Printemps au coin de la rue.

DÉCOUVRIR

3. Classez le vocabulaire du texte et complétez éventuellement.

Vêtements	État et qualité des vêtements	Entretien et rangement
		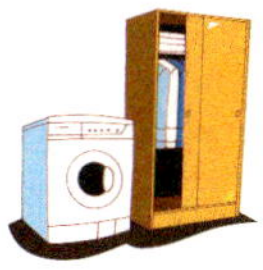
les affaires de rechange	neuf propre	la machine à laver le pressing

4. Cherchez les pronoms *le, la, l', les* dans le texte de 2, puis retrouvez à quels mots du texte ils correspondent.

Il faut les mettre au pressing! (les = vos vêtements)

S'ENTRAÎNER

→5 **5. Lisez d'abord les réactions suivantes, puis écoutez. Reliez les phrases/questions à la bonne réaction.**

a. Bien, mais … tu veux vraiment les mettre ce soir?
b. Non, ça me gêne.
c. Attends, je la repasse.
d. Il faut le laver.
e. On peut vous aider?

1. ☐ 2. ☐ 3. ☐ 4. ☐ 5. ☐

Die Objektpronomen, 1. und 2. Person

me	nous
te	vous

Die direkten Objektpronomen, 3. Person

le
la
l'
les

Son mari collectionne les cravates.
Il les collectionne./ Il ne les collectionne pas.

6. Imaginez une réponse aux phrases suivantes. Utilisez un verbe du tableau et les pronoms t', *le, la, l'* ou *les*.

1. Regarde ce pantalon dans la vitrine, il est élégant!
2. Et comment tu trouves Jean-Luc?
3. Je viens chez toi dans une heure.
4. Tiens, voilà 25 € pour les enfants.
5. Mais où est ma voiture?

accepter, adorer, attendre, chercher, essayer, prendre, trouver, voler

7. Jouez à deux. Décrivez quelque chose sans le nommer. Utilisez les pronoms *le, la, l', les*. Votre partenaire doit deviner ce que c'est.

■ On le prend pour partir en vacances. Souvent il faut l'attendre. Je le trouve très pratique et confortable.
● C'est le train?
■ Non, ce n'est pas ça./ Oui, c'est ça.

→ AB 1, 2, 3 (V); 6, 7 (G)

- Kleidung beschreiben
- Komplimente machen

Vous n'auriez pas un 42?

INFO
Où est-ce que les Français achètent leurs vêtements?
38 % achètent leurs vêtements dans les chaînes de magasins de marque, 23 % dans les boutiques indépendantes, 16 % dans les grandes surfaces, 9 % par correspondance, 7 % dans les grands magasins, 7 % dans les autres circuits (marchés, magasins d'usine ...). Les soldes représentent 40 % des achats.

ÉCOUTER

8. Écoutez et cochez la bonne réponse. →6

1. David choisit un costume ☐ vert en lin. / ☐ gris en laine.
2. La vendeuse n'aime pas ☐ la chemise blanche. / ☐ la cravate en soie.
3. Le pantalon ☐ n'est pas assez serré. / ☐ le grossit.
4. Il demande la taille ☐ au-dessus. / ☐ en dessous.
5. Il achète un pantalon ☐ taille 44. / ☐ taille 42.
6. David ☐ demande des étiquettes pour un paquet cadeau. / ☐ veut garder ses vêtements neufs sur lui.

DÉCOUVRIR

© Éditions Albert René/Goscinny – Uderzo

9. Trouvez les expressions contraires.
C'est trop large!
Ça ne te va pas du tout!
Vous n'auriez pas la taille en dessous?
Ce n'est pas assez long!
Ça ne va pas ensemble.
Ça amincit!
C'est trop banal!

JOUER

INFO
⚠ Si vous mettez du 40 en Allemagne, vous devez acheter du 42 en France.

→ www.

10. Décrivez votre voisin/e comme pour un défilé de mode.
Uschi porte une très jolie jupe en laine beige avec un chemisier assorti.
Très mode, Werner porte un jean et un tee-shirt blanc en coton.

en laine/cuir/soie/coton/lin/synthétique

S'ENTRAÎNER

11. À deux, jetez chacun deux fois un dé. La première fois pour choisir le verbe, la deuxième fois pour la personne. Donnez la forme correspondante.

1. finir	1. je
2. grossir	2. tu
3. rougir	3. il/elle/on
4. réfléchir	4. nous
5. amincir	5. vous
6. choisir	6. ils/elles

Die Mehrzahl der Verben auf -ir wird gebildet wie choisir:

je	choisis
tu	choisis
il/elle/on	choisit
nous	choisissons
vous	choisissez
ils/elles	choisissent

12. Complétez les commentaires d'une vendeuse sur sa journée de travail avec les verbes suivants. Puis écoutez pour vérifier. →7

choisir   finir   réfléchir   partir   sortir   venir

▲ Oh vous savez, ici, les gens ___, ils ___ un modèle, ils ___ pendant des heures, puis ils ___ sans rien.

▲ Moi, je ___ normalement ma journée à 20 heures, mais je ne ___ jamais du magasin avant 20 heures 30.

PARLER

13. En classe, que dites-vous pour demander à votre voisin
- de fermer la fenêtre?
- un stylo?
- si vous pouvez passer?

... et que dites-vous pour demander au professeur
- une photocopie?
- si vous pouvez poser une question?
- d'expliquer encore une fois?

Pour être poli:
s'il vous plaît
je voudrais ...
auriez-vous ...?
pourriez-vous ...?

14. Circulez dans la classe et faites des compliments aux autres. Utilisez *ce*, *cet*, *cette* ou *ces*.

Ce pantalon vous va très bien.
Ces chaussures sont très élégantes.
Cette tenue est très sport ...

Die Demonstrativbegleiter:
ce costume
cet imperméable
cette cravate
ces chaussures

→ AB 4, 5 (V); 8, 9 (G); 11 (C)

Document

15. Reliez les expressions. Trouvez une situation où vous pouvez les utiliser.

1

changer d'avis comme de chemise

2

faire la manche

3

remonter les bretelles à quelqu'un

4

prendre des gants

5

prendre une veste

6

trouver chaussure à son pied

7

travailler du chapeau

8

retourner sa veste

a. betteln
b. jemandem die Leviten lesen
c. seine Meinung ständig ändern
d. mit Samthandschuhen anfassen
e. sein Fähnchen nach dem Wind drehen
f. eine Schlappe erleiden
g. den Richtigen/die Richtige finden
h. spinnen

16. Donnez un titre à la BD.

il gèle sec = es ist eiskalt; heureusement = zum Glück; le passe-montagne = Kopfschützer; peur = Angst; le nez = Nase; tricoter = stricken; un machin épatant = tolles Ding; le pompon = Bommel

→ AB 12, 13 (AS)

Repères

KOMMUNIKATION

Ein Kleidungsstück kaufen
J'ai besoin d'une chemise et d'une cravate.
Je voudrais/ Je cherche un pull en laine/en coton/ une cravate en soie/ un pantalon en lin ...
Nous avons un modèle classique, en laine.
Comment trouvez-vous ce costume?
Vous faites quelle taille? Du 50.
Quelle couleur voulez-vous?
Je peux l'essayer?
Où sont les cabines?
Vous n'auriez pas la taille au-dessus/en dessous?
Je prends ce modèle.

Ein Kleidungsstück beurteilen
Ce pantalon est trop serré/trop large/ trop court/trop long/trop petit/trop grand ...
Cette cravate est élégante/superbe/ jolie/sévère ...
Ça fait sérieux/dynamique.
Ça grossit.
Ma veste est neuve/vieille/ trempée/ sèche/propre/sale/super ...
Le pull est assorti à la chemise.
La veste va bien/mal avec le pantalon.
Ce costume me/vous va bien.

Höflich fragen
Vous auriez/Auriez-vous la taille au-dessus, s'il vous plaît?
Vous pourriez/Pourriez-vous répéter, s'il vous plaît?
Je voudrais une jupe en laine bleu marine, s'il vous plaît.

1. Was sagen Sie, wenn
a. Sie einen Badeanzug kaufen möchten?
b. Sie nach Ihrer Größe gefragt werden?
c. Sie den Badeanzug zu groß finden?
d. Sie ihn eine Größe kleiner anprobieren möchten?
e. Sie finden, dass er Ihnen gut steht?
f. Sie ihn chic finden?
g. Sie ihn nehmen möchten?

GRAMMATIK

Die direkten Objektpronomen

1. Pers.	me	nous	Vous m'attendez?/Vous nous attendez?
2. Pers.	te	vous	Je t'invite./Je vous invite.
3. Pers.	le/la/l'	les	Je l'achète./Il la regarde./Ils les collectionne.

Die Personalpronomen le, la, l', les ersetzen ein Nomen, dem ein bestimmter Artikel, ein Possessiv- oder Demonstrativbegleiter vorangeht.

Die Stellung der direkten Objektpronomen
Die direkten Objektpronomen stehen unmittelbar vor dem konjugierten Verb:
Elle la prend./Il l'a vu.
In der verneinten Form steht das direkte Objektpronomen zwischen ne und dem Verb:
Nous ne le regardons pas./Tu ne l'as pas acheté?

Die Demonstrativbegleiter

mask.	fem.	Plural
ce / cet	cette	ces

Ce manteau coûte très cher.
Cet ensemble est classique.
J'aime bien cette jupe.
Je prends ces livres.

Die Konjugation der Verben auf -ir → -issons (choisir, finir, réfléchir, ...)
Die Verben, die dieser Konjugation angehören, sind alle regelmäßig.

réfléchir
je réfléchis
tu réfléchis
il/elle/on réfléchit
nous réfléchissons
vous réfléchissez
ils/elles réfléchissent
Passé composé: j'ai réfléchi

2. Ergänzen Sie die Sätze mit den richtigen Demonstrativbegleitern und Personalpronomen.

1. J'aime beaucoup ces chaussures, je les achète.
2. Tu as commandé cette bière, alors tu la paies.
3. Prends cet ensemble, il te va bien.
4. Tu as vu ce film? Non, je ne l' ai pas vu.
5. Tu connais cet jeune homme? Oui, je l' ai déjà rencontré chez les Lejeune.

LERNTIPPS

Die meisten Verben enden auf *-er* und sind regelmäßig. Die Verben auf *ir* (→ *-issons* wie *finir* usw.) sind ebenfalls regelmäßig. Diese beiden Konjugationen werden als lebendig betrachtet. Neue Verben werden entweder auf *-er* oder auf *-ir* gebildet, z. B. *le fax* → *faxer*.
Verben, die aus Adjektiven abgeleitet werden, enden auf *-ir*, z. B. *grossir* = *devenir gros*: dick werden/zunehmen; *grandir* = *devenir grand*: groß werden/wachsen; *vieillir* = alt werden/altern.
Auf diese Weise lassen sich viele Verben aus ihrem Stamm erschließen.

3. Was bedeuten die Verben *jaunir, rougir, blanchir, rajeunir, embellir*?

UNITÉ 3

LE PASSÉ RETROUVÉ

Sie lernen das imparfait **im Unterschied zum** passé composé **kennen. Sie lernen die Familie zu beschreiben und über Vergangenes zu berichten.**

1. Alain montre des photos. Écoutez, puis faites des phrases d'après le modèle. →8

1. C'était à Paris, j'étais avec Patricia. J'avais 17 ans. J'avais un vélo.
2. La Rochelle/ Danièle/23 ans/une Coccinelle.
3. la Suisse/Laurence/32 ans ...
4. la Bretagne/Jeanine/40 ans/une voiture familiale.
5. ...

2. Et vous?

Quand j'avais ... ans, j'étais à ... J'étais étudiant. J'avais ...

- Über die Familie sprechen
- Über Vergangenes berichten

La famille imparfaite

ÉCOUTER

1. Regardez le dessin: de quelle situation s'agit-il?

2. Écoutez et lisez la scène, puis complétez la photo de famille. →9

PHOTOGRAPHE: Tout le monde est là?

ALAIN: Presque. On n'attend plus que le marié!

PHOTOGRAPHE: Bon, prenez déjà place! La mariée au milieu, devant. À gauche, ses parents, puis son oncle avec sa femme; à droite, sa belle-mère et son beau-père, et sa belle-sœur avec son mari ... Les autres, derrière! Toujours pas de nouvelles du marié? Oui ...?

FRÉDERIC: Je suis son beau-frère. Je l'ai vu, il y a un quart d'heure. Il sortait de la salle à manger, il parlait avec son neveu et ses nièces. Depuis ...

ADRIEN: Mes sœurs et moi, on discutait tout à l'heure avec notre oncle sur la terrasse quand un de ses amis est arrivé. Quand on est parti, ils fumaient tous les deux le cigare et racontaient des souvenirs d'enfance. Ils ne pensaient sûrement pas à la photo.

LUC: Notre gendre montrait plus d'attention quand il était fiancé.

DANIÈLE: Eh! Tu n'étais pas mieux quand je t'ai épousé!

MARC: Excusez-moi. Je parlais avec un vieil ami; je n'ai pas vu le temps passer ...

SOPHIE: Et pendant que vous racontiez vos histoires, nous te cherchions partout.

PHOTOGRAPHE: Tout le monde est prêt ...

ALAIN: Tiens, Poilu! Toi aussi, tu veux être sur la photo?

sa sœur / son frère

ses parents / leur fils

leurs parents / leurs enfants

heureux/se – glücklich

3. Qui est Sophie pour ces personnes? Et elles pour Sophie?
Qui est Sophie pour Sylvie et Pascal? C'est leur belle-fille.
Qui sont Thomas et Mylène pour Sophie? Ce sont ses cousins.

DÉCOUVRIR

4. Soulignez les formes de l'imparfait dans le texte de l'exercice 2. Puis placez les verbes du texte au passé sur l'axe du temps.

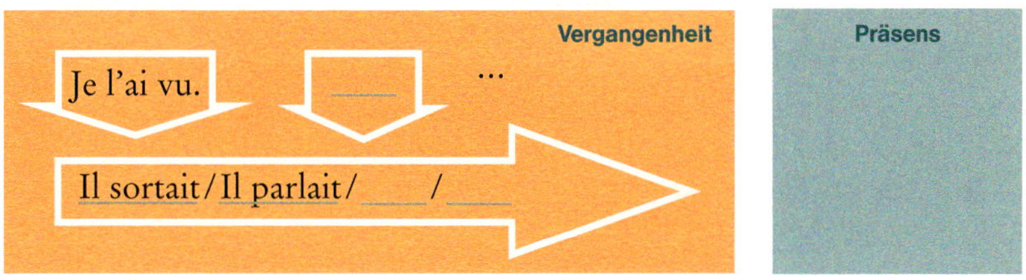

Recette de l'imparfait

Prenez la racine du verbe au présent avec **nous**

et ajoutez -ais
-ais
-ait
-ions
-iez
-aient

C'est prêt!

nous sortons → il sortait
nous fumons → ils fumaient

S'ENTRAÎNER

5. Les amies des mariés racontent. Complétez avec l'imparfait de *aimer*, *avoir*, *être*, *faire*, *porter*, *trouver*, *vouloir*.

ANNE: Leur rencontre, c'était il y a 4 ans, à la fête d'Éric. Il ___ très chaud et Sophie portait une jolie robe. Elle ___ très belle.
CÉLINE: Et, tu sais, Sophie n'est pas tombée amoureuse tout de suite! Au début, elle le faisait trop sérieux et elle n'___ pas son style. Et Marc ___ un peu peur, il ne ___ pas faire le premier pas, mais il ___ séduit.

⚠ être
j' étais
tu étais
il / elle / on était
nous étions
vous étiez
ils / elles étaient

→ www.

6. Racontez ce qu'a fait Poilu pendant tout ce temps.

1. avec Marc: dormir / enfants: arriver

2. les enfants: faire du bruit / ne plus pouvoir dormir / partir

3. avoir faim / aller à la cuisine

4. le cuisinier: ne pas être là / manger la viande

1. Il était avec Marc et dormait quand les enfants sont arrivés.

7. En groupe de quatre. Une personne ferme les yeux. Pendant ce temps, les autres posent comme pour une photo et miment une action. La personne ouvre les yeux et raconte … Puis changez de rôle.

Quand j'ai ouvert les yeux, Jan rangeait ses affaires, Ina mangeait …

→ AB 1 (V); 4, 5, 6 (G); 8, 9 (C)

• Verschiedene Vergangenheitsformen benutzen

Avis de recherche

LIRE

8. Bertrand Fontanet découvre la page suivante sur Internet. Lisez le texte et vérifiez les affirmations.

Fichier Edition Affichage Favoris Outils ?

Précédente Suivante Arrêter Actualiser Démarrage Rechercher Favoris Historique Courrier Imprimer Edition

Adresse http://www.retrouvonsles.com OK Liens

RETROUVONS-LES

Bertrand FONTANET a disparu le 22 septembre 1973 à Poissy (78).
Où vit-il aujourd'hui?
Sa mère et ses sœurs comptent sur vous pour le retrouver.

Bertrand Fontanet en avril 1973

Une étrange disparition

Le vendredi 22 septembre 1973, Bertrand est parti de chez lui après le petit déjeuner. Il était employé à la SNCF et travaillait à la gare de Poissy. Ce jour-là, il est allé à la gare et il a pris le train pour Paris. Il était habillé comme d'habitude: blouson en cuir et jeans. Il n'avait pas de bagages. Il n'a rien dit à ses parents ni à ses sœurs. Il n'a pas donné d'explication à ses collègues non plus.
Il avait rendez-vous avec sa fiancée Solange le lendemain matin. Ils voulaient passer le week-end ensemble à Honfleur, en Normandie. Il n'est pas allé chez Solange, il n'a même pas téléphoné.
Depuis, on n'a plus entendu parler de lui.

Quelques repères

Bertrand FONTANET est né en 1951, à Triel (78). Il est allé au lycée Marcel Roby à Saint-Germain-en-Laye jusqu'au bac. C'était un très bon élève. Après le lycée, il a fait son service militaire où il a appris à conduire des camions. Ensuite, il est entré à la SNCF, parce qu'il adorait voyager: les employés ne paient pas le train.
C'était un garçon calme et sérieux, sans histoire. Il adorait sa mère et ses sœurs. Son seul problème: il n'était jamais d'accord avec son père.

Vous pouvez nous écrire à l'adresse suivante:
recherche.bfontanet@retrouvonsles.com

	vrai	faux	non précisé
Bertrand Fontanet a une trentaine d'années aujourd'hui.	☐	☐	☐
Il est parti sans affaires personnelles.	☐	☐	☐
Il a dit à ses collègues qu'il quittait Poissy.	☐	☐	☐
Il a téléphoné à Solange de Honfleur.	☐	☐	☐
Il est passionné de trains.	☐	☐	☐
Bertrand Fontanet était un jeune homme sérieux.	☐	☐	☐
Il a disparu après une dispute avec son père.	☐	☐	☐

vivre	
je vis	nous vivons
tu vis	vous vivez
il/elle/on vit	ils/elles vivent

Ungefähre Mengen können Sie folgendermaßen angeben:
une dizaine / une douzaine / une vingtaine / … / une centaine

9. **Classez les verbes du texte dans le tableau. Quel temps utilise-t-on pour décrire la situation, pour parler des circonstances? Et quel temps utilise-t-on pour parler des événements, d'une action?**

Was war?	Was ist geschehen?
Il était employé	Il est parti

10. **Bertrand a lu cette page.**

a. **À votre avis, est-il ...**
***curieux, déprimé, en colère, heureux, indifférent, nerveux, surpris, triste*?**

b. **Imaginez! Pourquoi est-il parti? Dans quel état d'esprit était-il le jour de sa disparition?**

Il est parti parce que/qu'
- il était déprimé.
- il voulait voyager.
- Solange ne l'aimait plus ...

Um eine Geschichte in der Vergangenheit zu erzählen braucht man zwei Zeiten: Das imparfait benutzt man, um Hintergrundinformationen zu einer Handlung anzugeben. Für die Handlung selbst benutzt man das passé composé.

PARLER

11. **Qu'est-ce que Bertrand a fait pendant toutes ces années? Reconstituez à deux la vie de Bertrand. A regarde cet encadré, B regarde l'encadré de la page 161.**

■ Qu'est-ce qu'il a fait en 1973?

● En 1973, il est parti pour le Canada parce qu'il voulait changer de vie.

1973	départ pour le Canada (vouloir changer de vie)	1989	mariage avec Fabienne (triste de ne pas voir sa famille)
1973/78	____	1992	____
1979	entrée à l'université de Montréal (pas satisfait de sa vie)	1993	début du succès de l'agence (argent)
1982	rencontre avec Fabienne (bibliothécaire à l'université)	1994	achat d'une maison dans la banlieue de Montréal (leur rêve)
1985	____	1996	____
1988	____	2000	____

ÉCRIRE

12. **Vous aussi souhaitez retrouver quelqu'un (un ami d'enfance, une cousine, etc.). Écrivez un mél à «retrouvonsles.com»: dites qui vous recherchez, comment était cette personne autrefois et pourquoi vous n'avez plus de contact.**

écrire
j'écris
tu écris
il/elle/on écrit
nous écrivons
vous écrivez
ils/elles écrivent

→ AB 3 (V); 7 (G); 10, 11 (C)

Document

13. Lisez le texte et soulignez les phrases-clés. Expliquez votre choix.

Ici, en France, nous vivons tous les quatre. Je devrais[1] plutôt dire tous les dix, tous les vingt. Je ne sais pas exactement à combien nous vivons dans cet appartement. En fait, je n'ai pas de maison, j'ai un quatre-pièces qui appartient[2] à mes enfants et à leurs copains dont[3] le nombre est variable. Le centre du groupe est composé d'une douzaine d'adolescents, autour d'eux[4] évoluent[5] des «groupies».

Au début, quand j'ai dit à mes enfants que leurs amis étaient les bienvenus, je l'ai fait parce que je ne connais rien de meilleur[6] que l'amitié et je voulais que mes enfants profitent très vite de ses plaisirs et de ses lois[7]. Le partage, l'échange, ce n'est pas si simple. L'amitié c'est une bonne école pour la vie.

Au départ[8], il s'agissait d'enfants très jeunes. Ils venaient de l'école communale[9] en courant[10], entre les cours du matin et ceux[11] de l'après-midi puis un peu plus longtemps après la sortie de quatre heures et demie. Des volées de moineaux[12]. La bicyclette[13], les patins à roulettes[14] et la corde à sauter[15] tenaient une grande place dans leur vie. [...]

Comme ils perdaient sans cesse la clé de la porte d'entrée, j'ai décidé de la laisser sur la serrure[16] dans la journée.

Les années ont passé. Ces enfants sont maintenant des adolescents; certains[17] ont terminé leurs études secondaires[18]. Beaucoup ne viennent pas du lycée. Ce sont des copains de copains: ils savent[19] que la maison est ouverte. Il y en a qui[20] restent, d'autres qui ne reviennent plus.

La clé est maintenant sur la porte jour et nuit.

Marie Cardinal,
La Clé sur la porte.
Livre de poche, 1972

1 ich sollte; 2 gehört; 3 dessen; 4 sie; 5 bewegen sich; 6 Komparativ von *bon*; 7 Gesetze; 8 Am Anfang; 9 Grundschule; 10 laufend; 11 diejenigen; 12 Spatzenschwärme; 13 = le vélo; 14 Rollschuhe; 15 Springseil; 16 Schloss; 17 manche; 18 Schulzeit (auf dem Gymnasium); 19 wissen; 20 es gibt einige, die ...

14. Trouvez dans le texte les mots ou expressions qui correspondent.

une personne entre 12 et 20 ans/
être très important/ne plus trouver/
toujours/venir encore une fois

INFO

Marie Cardinal est née à Alger le 9 mars 1929. Elle a étudié la philosophie à l'université d'Alger puis à la Sorbonne à Paris. De 1953 à 1961, elle a été professeur à l'étranger, en Grèce, au Portugal, au Canada. Puis, elle a travaillé comme lectrice pour des maisons d'édition et comme journaliste pour différents journaux. Elle a obtenu pour ses romans *Écoutez la mer* (1962) et *Les Mots pour le dire* (1975) plusieurs prix littéraires. Marie Cardinal était aussi une spécialiste du théâtre grec antique et elle a adapté plusieurs pièces en français. Elle est morte le 9 mai 2001 à Avignon.

→ AB 2 (V); 12, 13, 14 (AS)

Repères

KOMMUNIKATION

Über Familienverhältnisse sprechen
Madame Cardin, ma tante/ma belle-sœur/ma nièce ...
Monsieur Jopriset, mon oncle/mon beau-frère/mon neveu ...
Mon grand-père et ma grand-mère habitent près de chez mes parents.
J'ai deux sœurs et un frère.

Über vergangene Ereignisse berichten
C'était en 1980.
J'avais 10 ans.
Nous sortions de la salle à manger quand Frédéric est arrivé.
Il est entré à la SNCF parce qu'il adorait voyager.
Nous avions rendez-vous.
Il n'est pas venu.

Einen seelischen Zustand beschreiben
Il/Elle est curieux/se, indifférent/e.
Je suis déprimé/e, heureux/se.
Il/Elle est surpris/e, gai/e, triste, nerveux/se, optimiste, pessimiste, en colère.

1. **Übersetzen Sie folgenden Text:**
Im Jahr 1950 war Bernard zehn Jahre alt. Er war ein kleiner, fröhlicher und dynamischer Junge. In der Schule arbeitete er gut. Er verbrachte seine Ferien mit seinen Cousins und Kusinen bei seiner Großmutter.
Im Jahr 1970 war er ein seriöser Geschäftsmann. Er war verheiratet und hatte zwei Kinder, einen Sohn und eine Tochter.
Im Jahr 2000 wohnte er als Rentner in einem schönen Haus am Meer. Jeden Sommer verbringen sein Sohn, seine Tochter, sein Schwiegersohn und seine Schwiegertochter mit ihren Kindern ihre Ferien in seinem Haus. Bernard ist glücklich.

GRAMMATIK

Die Formen des imparfait
Alle Verben außer être bilden das imparfait aus dem Stamm der 1. Person Plural Präsens und den Endungen -ais, -ais, -ait, -ions, -iez, -aient

Beispiel:	**Ausnahme: être Stamm ét- + regelmäßige Endungen**
dormir – nous dormons	
je dormais	j'étais
tu dormais	tu étais
il/elle/on dormait	il/elle/on était
nous dormions	nous étions
vous dormiez	vous étiez
ils/elles dormaient	ils/elles étaient

Der Gebrauch des imparfait und des passé composé

Das imparfait verwendet man, um Folgendes zu beschreiben:

einen Zustand oder eine Situation:

C'était en 1980, j'avais 10 ans, nous passions nos vacances au bord de la mer.

Hintergrundinformationen:

Bertrand est allé au lycée Marcel Roby. C'était un très bon élève.
Il est entré à la SNCF parce qu'il adorait voyager.

Handlungen, die nicht abgeschlossen sind, wenn die Haupthandlung eintritt:

J'ai vu Frédéric quand il sortait de la salle à manger.

Gewohnheitsmäßige Handlungen:

À 10 ans, j'allais à l'école.

Das passé composé benutzt man, um die eigentliche Handlung, die meist eine Folge von einzelnen abgeschlossenen Ereignissen ist, wiederzugeben. Im Gegensatz zum passé composé dient das imparfait zur Wiedergabe von Hintergrundinformationen (Situation, Zustand, Erklärungen, Kommentare).

2. Ergänzen Sie den Text mit den richtigen Verbformen (*imparfait* oder *passé composé*).

Hier, il (faire) beau et j'(avoir) le temps. À la terrasse d'un café, je (regarder) les gens, j' (écouter) les conversations autour de moi, quand un jeune homme (prendre) place à la table voisine; il (sortir) un portable de sa poche et (commencer) à téléphoner. Il (parler) encore quand le serveur (arriver). Il (commander) un expresso et moi, j' (demander) une eau minérale parce que j'(avoir) très soif. Quelques minutes après j'(payer) et je (partir): mon voisin avec son téléphone (être) vraiment trop bruyant.

LERNTIPPS

Sie haben auf der Seite 30 das Verb *retrouver* und im Text Seite 32 das Verb *revenir* kennen gelernt. In den Übungsanweisungen sind Sie schon auf den Ausdruck *Réécoutez le dialogue* gestoßen.
Das Präfix *re-*, (*ré-* vor Vokal) vor einem Verb bedeutet wieder, noch einmal.
Sie können die Bedeutung vieler Verben erraten, wenn Sie das Stammverb kennen.
Was bedeuten z. B. diese Sätze?

- *J'ai beaucoup aimé ce livre, je vais le relire.*
- *Ce travail est mal fait, il faut le refaire.*
- *Vous rejouez la scène?*
- *Oh! Il recommence à neiger.*

UN PEU DE CULTURE

Sie lernen über verschiedene Kunstformen zu sprechen. Sie lernen den Superlativ und die Verben savoir, lire **und** peindre **kennen. Die indirekten Objektpronomen** lui **und** leur **werden vorgestellt.**

Les Français amateurs de ...

1. **Qu'est-ce qui vous intéresse?**
   - J'aime beaucoup lire: j'adore les romans policiers et les livres de science-fiction.
   - Le cinéma et les films à la télé, les films d'amour, d'horreur, tout m'intéresse ...
   - Je m'intéresse à la musique/au théâtre.

2. **Pratiquez-vous une activité artistique?**
   - Moi, je chante dans une chorale/sous la douche.
   - J'écris un journal intime et des poèmes.
   - J'adore faire la cuisine.

– Rentrons, le vent a tourné.

- Über Kunst sprechen
- Etwas bewerten

Le monde de la peinture

LIRE

1. Lisez l'article et classez les informations dans le tableau.

INFO

Morgane est née en 1968. Elle illustre des livres pour enfants, des romans policiers. Elle fait aussi des maquettes de livres et de journaux. Une école maternelle de Paris lui doit une fresque de 200 m². Elle n'est pas seulement peintre, elle fait aussi de la gravure. Depuis 1990, elle expose à Paris et dans de nombreuses villes françaises.

Morgane, alchimiste des couleurs

La galerie Sklerijenn vous invite à découvrir le monde symbolique de Morgane. Ses thèmes sont l'alchimie et les quatre éléments de la nature: l'air, le feu, la terre et l'eau.

Entrez tout de suite dans le premier tableau, n'hésitez pas! Prenez votre temps. Suivez les petits personnages… Morgane leur a donné la vie, et beaucoup d'humour. Ils nous regardent comme de vieux amis, les plus drôles nous font des clins d'œil. Puis, avec eux, on découvre le monde de l'eau et ses mystères, la terre, l'air … Enfin, le feu, l'élément le plus mystérieux, le plus magique aussi. C'est sûrement le plus merveilleux parce qu'il transforme tout.

Le rêve le plus fou des alchimistes était de transformer le plomb en or. Pour notre bonheur, Morgane fait mieux: avec sa sensibilité, son savoir, son imagination, avec des couleurs, du thé et une aile de papillon, elle offre un univers au regard du spectateur et lui donne en même temps une clé pour comprendre son propre monde.

D'après article de presse, archives Sklerijenn

Thèmes	Techniques	Artiste
alchimie	___	sensibilité
___	___	___

DÉCOUVRIR

Die indirekten Objektpronomen lui und leur:
Morgane montre son univers aux spectateurs.
Morgane leur montre son univers.
Morgane ne leur montre pas son univers.

2. Cherchez dans le texte les phrases correspondantes. Que remplacent *lui* et *leur*?

Morgane a donné la vie à ses personnages.
Elle donne une clé au spectateur pour comprendre son monde.

S'ENTRAÎNER

⚠ donner quelque chose (= direktes Objekt) à quelqu'un (= indirektes Objekt)

→ AB 6, 7 (G)

3. Remplacez les éléments soulignés par *le*, *la*, *les*, *lui* ou *leur*. Attention: l'ordre des mots peut changer!

Je connais Morgane depuis 10 ans. J'ai acheté un tableau à Morgane et on est devenus amis. J'aime beaucoup ses tableaux: elle donne de la magie à ses tableaux et je trouve ses tableaux tout simplement merveilleux!

4. Posez des questions à votre voisin/e. Utilisez les éléments suivants.

rêve ville livre film acteur/actrice musicien/musicienne pays peintre	fou/folle bon/bonne célèbre beau/belle intéressant/e agréable mystérieux/se grand/e moderne passionnant/e drôle

■ Quelle est pour vous la plus belle ville?
● Pour moi, la plus belle ville, c'est …

Der Superlativ wird gebildet, indem man der Komparativform den bestimmten Artikel hinzufügt.

le / la / les + plus / moins + Adjektiv

⚠ bon
C'est le meilleur tableau.
Je trouve ce tableau meilleur que l'autre.

ÉCOUTER

5. Écoutez l'extrait d'une interview de Morgane et dites si les affirmations sont vraies ou fausses. Corrigez-les éventuellement. →10

	vrai	faux
1. Morgane veut montrer l'harmonie entre la nature et l'homme.	☐	☐
2. Ses personnages sont le symbole de la transformation.	☐	☐
3. Morgane peint avec du thé et du café.	☐	☐
4. Le coquillage et l'aile de papillon symbolisent la mort.	☐	☐
5. Morgane ne peut pas expliquer le choix de ses matières.	☐	☐
6. Morgane aime essayer de nouvelles techniques.	☐	☐

peindre
je peins
tu peins
il/elle/on peint
nous peignons
vous peignez
ils/elles peignent
***passé composé:* j'ai peint**

PARLER

6. Voici quelques réactions de visiteurs devant les tableaux de Morgane. Classez-les selon les critères suivants. Et vous, comment trouvez-vous la peinture de Morgane?

réaction positive **réaction négative** **indifférence**

→ www.

J'adore les petits personnages, je les trouve très drôles!
Hum… C'est intéressant…
C'est difficile à dire… je ne sais pas si ça me plaît.
Ça ne m'intéresse pas.
Je ne trouve pas ça beau.
Je ne comprends pas. Qu'est-ce que ça veut dire?
Cette peinture me fait penser à un aquarium.
Je trouve ce tableau merveilleux.

→ AB 1, 3 (V); 8 (G)

- Über Bücher sprechen
- Sich einigen

Au pays des livres

LIRE

7. Lisez le document et répondez aux questions.

Montolieu
Village du Livre et des Arts Graphiques

Le village mourait lentement: le livre l'a sauvé en 1989. Savez-vous que Montolieu est aujourd'hui un des rendez-vous les plus importants des amoureux du livre?

Pour tout savoir sur le livre et son histoire, il faut visiter le musée Michel Braibant. Il est ouvert toute l'année.

À l'Atelier du livre, on apprend à fabriquer une feuille de papier, à imprimer un texte et une gravure. À la fin de la journée, chaque visiteur repart avec son œuvre.

Chaque été, on peut assister à des conférences sur les grands auteurs et sur la langue française. On ne sait pas toujours qu'elles sont gratuites, comme beaucoup d'autres spectacles ici!

Trouver le livre introuvable, retrouver ses livres de jeunesse, acheter le dernier roman policier, rêver et oublier le reste du monde… à Montolieu, c'est possible: ses 15 libraires le savent bien. Ils attendent votre visite.

Entrée libre.
Entrez et regardez les murs.
Il y a des livres, des milliers de livres – pour rêver, pour apprendre, pour savoir.
L'association *Montolieu, Village du Livre et des Arts graphiques* invite tous les amoureux du livre à découvrir le monde du livre et à rencontrer des écrivains, des illustrateurs, des lecteurs, des amateurs.
Les expositions, les conférences et les spectacles changent avec les saisons, mais les quinze librairies, les galeries, les musées vous accueillent pendant toute l'année avec le même programme: vous aider à trouver un livre rare ou une gravure ancienne pas trop chère, à comprendre les techniques et les métiers du livre, peut-être même à faire votre propre livre!

Montolieu, Village du Livre et des Arts Graphiques,
rue de la Mairie, F 11170 Montolieu
Pour tous renseignements: Christine, Marie-Aude, Francis
tél.: 00 33- (0)4 68 24 80 84
fax: 00 3- (0)4 68 24 80 11
villagedulivre@montagne.noire.com

savoir
je sais
tu sais
il/elle/on sait
nous savons
vous savez
ils/elles savent
passé composé: j'ai su

À Montolieu, où pouvez-vous aller si…
– vous n'avez pas beaucoup d'argent?
– vous aimez le travail manuel?
– vous êtes passionné/e d'histoire?
– vous cherchez un livre rare?
– vous voulez découvrir la littérature française?

8. Complétez le réseau avec le vocabulaire du livre.

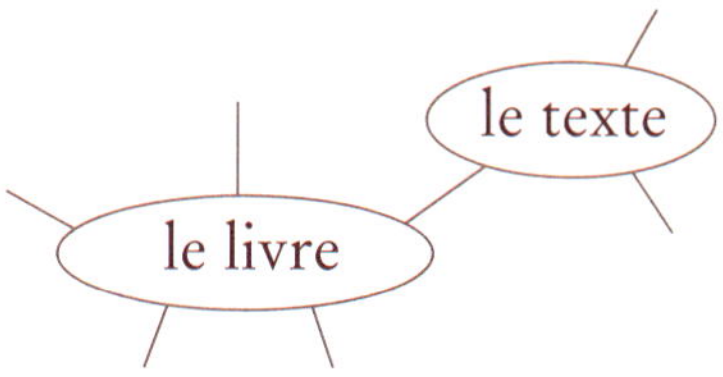

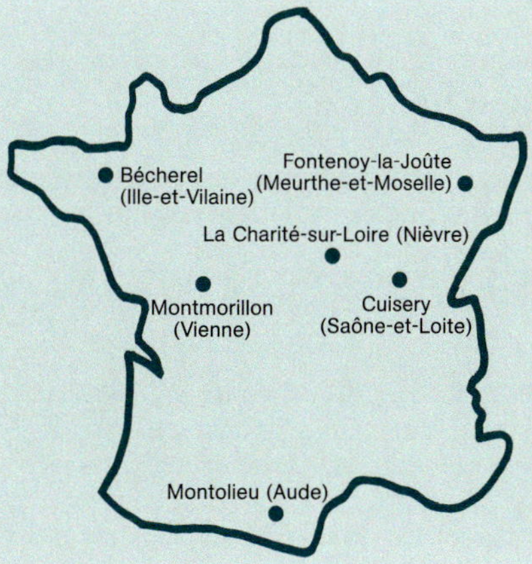

INFO

Quand le livre vient au secours de la campagne ...
En 1964, un libraire de Haye-on-Wye, au Pays de Galles, a eu l'idée géniale de faire venir des libraires et des marchands de gravures pour attirer les touristes et sauver son village. Quelques années plus tard, Redu est devenu à son tour «village du livre» en Belgique. En France, six villages ont suivi cet exemple avec succès.

PARLER

9. Aimez-vous lire? Que lisez-vous? Quand? Où? Quel genre de livres aimez-vous? Où trouvez-vous vos livres? Discutez à deux.
Je lis peu/beaucoup ...
J'aime les livres de poche/les beaux livres/les magazines/les journaux/les romans/les essais ...
J'achète mes livres dans une petite librairie/dans un grand magasin culturel/sur Internet ...
J'emprunte des livres à la bibliothèque municipale/à des amis ...
Je lis avant de dormir/dans le bus ...

10. Vous connaissez maintenant les goûts de lecture de votre voisin/e. Vous voulez passer ensemble une journée à Montolieu. Discutez et mettez-vous d'accord sur le programme de la journée.
Je trouve ... très intéressant./J'aime beaucoup ...
Moi, je n'ai pas envie de voir .../Je voudrais/Je propose de visiter ...
Non, je préfère .../D'accord ...

DÉCOUVRIR

11. Complétez le tableau:

verbe	personne	chose
visiter	le visiteur	la visite
illustrer	____	une illustration
____	un imprimeur	____
____	le lecteur	____
écrire	____	____
graver	____	____
____	____	la peinture

lire
je lis
tu lis
il/elle/on lit
nous lisons
vous lisez
ils/elles lisent
passé composé: j'ai lu

→ AB 2, 4 (V); 5 (G); 9, 10 (C)

Document

12. Avec quoi est-ce qu'on fabrique un texte?

13. Regardez l'article «sac» du dictionnaire. Qu'est-ce qu'un sac à main? Que signifient les expressions: *un sac de nœuds, l'affaire est dans le sac*?

Sac: n.m. (lat. saccus). 1. Contenant fait de matières diverses, indépendant, ouvert seulement par le haut. *Sac de plage. Sac de pommes de terre.*• *Sac (à main)*: accessoire féminin ou masculin à usage utilitaire (rangements de petits objets personnels) et esthétique. – *Sac à dos*: sac de toile muni de sangles et d'une armature, utilisé par les campeurs, les alpinistes, etc. – **Fam.** *Avoir plus d'un tour dans son sac:* être rusé, habile. – **Fam.** *Sac d'embrouilles, de nœuds:* affaire très compliquée. – **Fam.** *L'affaire est dans le sac*, elle est pratiquement réglée, le succès est assuré. – **Fam.** *Prendre qqn la main dans le sac*, sur le fait, en flagrant délit.

14. Lisez la scène. Relevez les expressions imagées / jeux de mots / expressions prises au sens littéral.

Les sacs

Un livreur[1] pose plusieurs sacs postaux devant la porte ... et sonne ...

- Qu'est-ce que c'est?
+ Ce sont les sacs de mots que vous avez commandés!
- Une seconde! ... *(On ouvre la porte.)* Ah! Tous les mots y[2] sont?
+ Tous! ... *(les vérifiant:)* Deux sacs de mots courants[3] ... un sac de mots inusités[4]... de mots incohérents[5] ... de mots sans suite[6] ... et il y a même un mot de trop!
- Et ce petit sac?
+ Ce sont les ponctuations ... les points ... les virgules[7], etc.
- Vous m'avez mis quelques «entre parenthèses[8]»?
+ Les «entre parenthèses» sont entre les «guillemets[9]»...
- Très utiles! Pour les i?
+ Les points sont dessus[10]! Avec les trémas!
- Les accents?
+ Ils y sont tous! ... Les graves ... aigus ... circonflexes ... et autres ... sans compter les points de suspension[11]! ...
- Bref! ... Là-dedans[12], il y a de quoi bâtir[13] tout un roman!
+ Il y a tout le matériau nécessaire! Il y a même quelques phrases toutes faites...
- Et l'intrigue?
+ Elle est dans le sac de nœuds[14]! ... *(Il plonge la main dans un des sacs ... et en sort quelques nœuds ...)* On vous en a mis treize à la douzaine pour brouiller les pistes[15] ...
- Parfait!
+ Pour le règlement[16]?
- Je vais chercher mon sac à main[17] ... *(Elle le prend derrière la porte et l'ouvre.)* Voyez ... *(Elle en sort quelques mains.)* Les mains sont dedans! ... il y en a toute une poignée[18].
+ *(la prenant à l'épaule[19])* Merci! ... L'affaire est dans le sac!
- L'affaire est dans le sac!

Raymond Devos

1 Auslieferer
2 *hier:* da
3 gängig, gebräuchlich
4 ungebräuchlich
5 unzusammenhängend
6 zusammenhangslos
7 Kommas
8 Klammern
9 Anführungszeichen
10 darauf
11 Auslassungspunkte
12 hier drin
13 bauen, konstruieren
14 Knoten
15 durcheinander bringen
16 Zahlung
17 Handtasche
18 Handvoll (poignée de main = Handschlag)
19 Schulter

15. Jouez la scène.

→ AB 11, 12 (AS)

Repères

KOMMUNIKATION

Seine Meinung über etwas äußern
Ça me plaît./Ça me plaît beaucoup/assez.
Ça ne me plaît pas (du tout).
Je trouve cela drôle/intéressant/beau/génial/nul ...
Ça (ne) m'intéresse (pas).
Je ne comprends pas.
C'est intéressant/beau/super/nul ...
J'aime beaucoup/bien/assez./Je n'aime pas (du tout).

Über seine kulturellen Vorlieben und Gewohnheiten sprechen
Je m'intéresse à la musique/au théâtre ...
Je lis peu/beaucoup.
J'adore les romans policiers/la science-fiction ...
J'aime les beaux livres/les livres de poche/les magazines de mode ...
J'achète mes livres sur Internet/dans une librairie ...
J'emprunte des livres à la bibliothèque/à des amis ...
Je lis dans le métro/au lit ...

1. Was sagen Sie in folgenden Situationen?
a. Sie fragen jemanden, ob er/sie sich für moderne Kunst interessiert.
b. Sie fragen jemanden, ob dieser Roman ihm/ihr gefällt.
c. Sie finden das Buch amüsant.
d. Sie verstehen die moderne Malerei nicht.
e. Sie kaufen keine Bücher, sondern leihen sie in der Stadtbücherei aus.

GRAMMATIK

Die Konjugation der Verben lire, peindre und savoir

lire	peindre	savoir
je lis	je peins	je sais
tu lis	tu peins	tu sais
il/elle/on lit	il/elle/on peint	il/elle/on sait
nous lisons	nous peignons	nous savons
vous lisez	vous peignez	vous savez
ils/elles lisent	ils/elles peignent	ils/elles savent
passé composé:	**passé composé:**	**passé composé:**
j'ai lu	j'ai peint	j'ai su

Der Superlativ der Adjektive
Der Superlativ ist die höchste Steigerungsform. Er wird gebildet, indem man der Komparativform den bestimmten Artikel le, la, les hinzufügt: plus beau → le plus beau
C'est mon rêve le plus fou/ le moins fou.
C'est la plus vieille maison de la ville.
On trouve les rues les plus anciennes dans le centre de la ville.
Cet hôtel est le moins confortable de tous.

Sonderform: bon/ne – **Komparativ:** meilleur/e – **Superlativ:** le/la/les meilleur/e/s
Ce vin est meilleur que les autres, c'est le meilleur de tous.

Adjektive können vor oder hinter ihrem Bezugswort stehen. Beim Superlativ bleibt diese Stellung erhalten.

2. Setzen Sie die Adjektive in den Superlativ.
1. J'aime beaucoup ce tableau, je trouve que c'est (beau).
2. Tu as goûté ce Bordeaux? C'est (bon) et (cher) de la carte.
3. Quelle est (vieux) ville de la région?
4. Quels sont vos livres (ancien)?
5. Comment s'appelle (jeune) de vos filles?

Die indirekten Objektpronomen in der 3. Person
Singular: lui **Plural:** leur
Die indirekten Objektpronomen lui und leur ersetzen eine durch die Präposition à verbundene Verbergänzung.

3. Ergänzen Sie die Sätze mit *lui* oder *leur*.
1. Tu as écrit une lettre à Grand-mère? – Non, je ___ ai envoyé un mél.
2. Tu as téléphoné à Jacques? – Oui, je ___ ai téléphoné ce matin.
3. Les Durand ont une belle maison. Elle ___ appartient?
4. Tu vas au cinéma avec tes nièces? – Non, je ___ ai proposé d'aller au zoo.
5. Les enfants jouent avec ton ordinateur. Ça ___ plaît.

LERNTIPPS

Die Bedeutung mancher Adjektive können Sie leicht erraten, wenn Sie sie in ihre Bestandteile Präfix, Stamm und Suffix aufteilen:
Durch das Präfix *in-* (*im-* vor den Buchstaben *m*, *b* und *p*) erhält ein Adjektiv eine gegenteilige Bedeutung: *usité* ≠ *inusité*, *cohérent* ≠ *incohérent* (S. 40). Dieses Präfix wird oft mit dem Suffix *-able* verwendet: *introuvable* = *qu'on ne peut pas trouver* (S. 38).

4. Übersetzen Sie folgende Adjektive:
incorrect, inconfortable, inintéressant, inattendu, inconnu, indiscutable, inexcusable, immangeable, inimaginable, imprononçable, inacceptable, invérifiable.
Welche deutschen Prä- und Suffixe haben Sie in den meisten Fällen benutzt?

In dieser option lernen Sie ein Chanson von Dalida kennen. Weiterhin können Sie Ihren Kenntnisstand auf der Basis des französischen DELF-Tests (A1) überprüfen.

TESTEZ-VOUS!

1. Lisez les paroles de la chanson et complétez le texte avec l'imparfait ou le passé composé des verbes suivants: *être* (4 x), *avoir*, *retrouver*, *compter*, *mettre* (2 x), *venir* (3 x), *penser*, *dire* (2 x).

Il venait d'avoir dix-huit ans[1] Dalida

Il ____ d'avoir dix-huit ans
Il ____ beau comme un enfant
Fort[2] comme un homme
C'____ l'été évidemment
Et je ____ en le voyant[3]
Mes nuits d'automne
Je ____ de l'ordre à mes cheveux[4]
Un peu plus de noir sur mes yeux[5]
Ça l'a fait rire.
Quand il s'est approché[6] de moi
J'aurais donné n'importe quoi[7]
Pour le séduire[8]
Il ____ d'avoir dix-huit ans
C'____ le plus bel argument de sa victoire[9]
Il ne m'a pas parlé d'amour
Il ____ que les mots d'amour sont dérisoires[10]
Il me ____: «J'ai envie de toi»
Il avait vu au cinéma *le Blé en herbe*[11]

Au creux[12] d'un lit improvisé
J'ai découvert émerveillée[13]
Un ciel superbe
Il ____ d'avoir dix-huit ans
Ça le rendait[14] presque insolent de certitude[15]
Et pendant qu'il se rhabillait[16]
Déjà vaincue[17], je ____ ma solitude[18]
J'aurais voulu le retenir[19]
Pourtant je l'ai laissé partir
Sans faire un geste
Il me ____: «C' ____ pas si mal»
Avec la candeur[20] infernale[21] de sa jeunesse
Je ____ de l'ordre à mes cheveux
Un peu plus de noir sur mes yeux
Par habitude[22]
J'avais oublié simplement
Que j'____ deux fois dix-huit ans

Paroles et musique: Auriat/Lebrail/Sevran © EMI

1 *hier:* er ist gerade 18 geworden
2 stark
3 quand je l'ai vu
4 Haare
5 Augen
6 venir près de
7 *hier*: alles, was auch immer
8 verführen
9 Sieg
10 lächerlich
11 ein Film nach dem Roman von Colette, in dem ein 15-jähriger Junge die Liebe mit einer älteren Frau entdeckt.
12 *hier*: in der Mitte
13 hingerissen
14 das machte ihn …
15 übermütig vor Sicherheit
16 sich wieder anziehen
17 besiegt
18 Einsamkeit
19 zurückhalten
20 Naivität, Unschuld
21 höllisch
22 gewohnheitsmäßig

2. Écoutez la chanson et comparez avec votre texte. →11

3. Relevez le vocabulaire qui caractérise la jeunesse. Comment est-ce que la jeunesse est décrite?

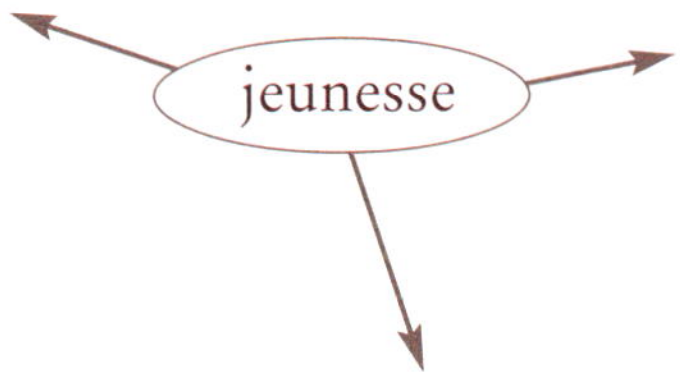

4. Qu'est-ce qu'on apprend de la femme qui parle? Quel est son regard sur la situation? Rassemblez les mots-clés.

5. Prenez le rôle du jeune homme et imaginez comment il raconte cette histoire.

INFO

Dalida, de son vrai nom Yolanda Gigliotti, est née au Caire le 17 janvier 1933. Sa carrière de chanteuse commence en 1956 à Paris: elle participe a une émission sur Europe 1 consacrée aux nouveaux talents, «Les Numéros 1 de demain».
Bruno Coquatrix, directeur du music-hall «L'Olympia», et Eddie Barclay, producteur de disques, sont tout de suite très impressionnés par son talent.
Le deuxième disque de Dalida «Bambino» lui apporte la gloire. Ensuite, Dalida ne quitte plus le hit-parade mondial; elle devient l'une des idoles des années 60.
En 1973, «Il venait d'avoir 18 ans» et «Gigi l'amoroso» confirment son succès.
Elle nous a quittés le 2 mai 1987.

Pour vous préparer au DELF

Der Test für das DELF (Diplôme d'Études en Langue Française) auf der Stufe A 1 besteht aus einem schriftlichen und einem mündlichen Teil. Der schriftliche Teil setzt sich aus einer Aufgabe zum schriftlichen Ausdruck (Brief) und einer Aufgabe zum Hörverstehen zusammen. Der mündliche Teil besteht aus einem Rollenspiel. Für das Schreiben des Briefes sind 45, für das Hörverstehen 20 und für das Rollenspiel 10 Minuten vorgesehen.

1 ÉCRIT

Situation: Vous avez passé une semaine de vacances en France chez vos amis français. Vous leur écrivez une lettre de 100 mots environ. Vous avez 45 minutes.
- Vous les remerciez.
- Vous décrivez un ou deux bons souvenirs de ce séjour.
- Vous les invitez à venir chez vous et vous leur proposez quelques activités à faire ensemble.

2 COMPRÉHENSION ORALE

→12

Vous allez entendre 4 documents différents:
- **un document où le professeur de français explique l'organisation d'un voyage en France**
- **trois messages sur répondeur téléphonique.**

Vous les écouterez trois fois:
- première écoute: il n'y aura pas de pause entre les documents. Écoutez bien, sans regarder les questions et sans prendre de notes; vous aurez ensuite 3 minutes pour lire les questions;
- deuxième écoute: cette fois, vous aurez une minute après chaque document pour répondre aux questions;
- troisième écoute: vous entendrez les 4 documents sans pause.

Répondez aux questions en cochant la réponse exacte ou en écrivant l'information demandée.
N.B.: vous devez noter les numéros ou les heures en chiffres.

→13

Document 1

1. Départ pour ___ à ___ de la ___ routière	1,5
2. Il y a des boissons dans l'autobus ☐ oui ☐ non	1
3. Arrivée à ___	1
4. Prix du voyage ___	2
5. Repas de midi compris ☐ oui ☐ non ☐ on ne sait pas	0,5
6. Prix de la journée aux Deux-Alpes ___	1
7. ... avec fondue savoyarde aux Deux-Alpes ☐ oui ☐ non	0,5
	/7,5 points

→14

Document 2

1. Patrick téléphone à sa grande sœur.	☐	oui	☐	non	0,5
2. Patrick téléphone à sa grand-mère.	☐	oui	☐	non	0,5
3. Il fait beau.	☐	oui	☐	non	1
4. Patrick est avec ses parents.	☐	oui	☐	non	1
					/3 points

→15

Document 3

Boris Rampal veut acheter:

1. une voiture ☐ oui ☐ non	1
2. de couleur ___	1
3. son numéro de téléphone est le 0___8___07___06	2
	/4 points

→16

Document 4

1. Qui appelle? une agence de voyage?	☐	oui	☐	non			0,5
2. Madame Duponchel part en vacances en ___		du ___		au ___			1
3. Madame Duponchel restera ___							1
4. Elle part en train	☐	oui	☐	non	☐	on ne sait pas	1
5. Madame Duponchel part seule	☐	oui	☐	non	☐	on ne sait pas	1
6. Madame Duponchel ira chercher les billets	☐	oui	☐	non			1
							/5,5 points

3 PRODUCTION ORALE INDIVIDUELLE

Choisissez un des sujets suivants et imaginez un dialogue. Vous avez 30 minutes de préparation et 10 minutes pour le jouer.

SUJETS (au choix):

1. Vous arrivez deux heures en retard à un rendez-vous. Vous expliquez pourquoi à la personne qui vous attendait et vous vous excusez.
2. Vous êtes en France, vous voulez acheter des vêtements. Vous discutez avec la vendeuse.
3. Vous avez gagné un voyage pour deux personnes en France. Vous proposez à votre meilleur/e ami/e de vous accompagner et vous préparez le voyage ensemble.
4. Chez votre ami français, vous présentez votre famille.

UNITÉ 5

PAS DE CHANCE!

Sie lernen Wortschatz zum Thema Auto kennen.
Sie lernen über Glücks- und Pechtage zu sprechen.
Die reflexiven Verben, die Verben s'asseoir **und** ouvrir **sowie die Adverbien werden vorgestellt.**

1. **Regardez la caricature et répondez aux questions.**
   a. **Quelle est la situation?**
   b. **Qu'est-ce qui s'est passé avant?**
   c. **Qu'est-ce qui va se passer après?**

2. **Et vous? Avez-vous déjà eu une panne? Où? Quand? ...**

Ces personnes ont une panne de voiture.
Un pneu est crevé et la roue de secours était dans le coffre.
Les valises étaient ...
Il fait .../Il y a ...
L'homme .../La femme ...

- Seinen Tagesablauf beschreiben
- Über Glück und Pech sprechen

Un jour de poisse

ÉCOUTER

1. Écoutez et regardez les photos. Puis racontez le script du film.

→17

se reposer
je me repose
tu te reposes
il/elle/on se repose
nous nous reposons
vous vous reposez
ils/elles se reposent

La femme se lève du pied gauche, son réveil tombe ...

DÉCOUVRIR

2. **Quels verbes de 1. correspondent à ces définitions?**
sortir de son lit/aller vite/faire des excuses/faire une erreur

3. **Trouvez une définition à ces cinq nouveaux verbes.**
se promener/se doucher/se marier/se perdre/se calmer

s' asseoir
je m'assois
tu t'assois
il/elle/on s'assoit
nous nous asseyons
vous vous asseyez
ils/elles s'assoient

Bei der Verneinung steht ne vor dem Reflexivpronomen:
Elle ne se trompe pas.

⚠ (se) lever hat wie acheter zwei Stämme
je me lève
nous nous levons

PARLER

4. **Comment se passent vos journées en général? Racontez-le à votre voisin/e. Utilisez le maximum de verbes réfléchis.**
Quand je travaille, je me réveille à 7 heures. J'écoute les informations dans mon lit, et je me lève à 7 heures et quart ...
Puis .../Ensuite ...

5. **Qu'est-ce qui porte bonheur ou malheur en France? Et dans votre pays?**

trouver un trèfle à quatre feuilles

passer sous une échelle

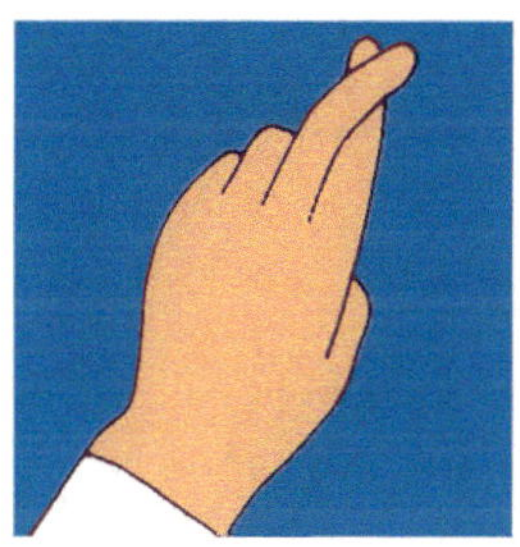
croiser les doigts

être 13 à table

toucher du bois

voir un chat noir

INFO
Porte-bonheur? Porte-malheur?
Si vous êtes invité/e chez des amis français, vous pouvez bien sûr apporter des fleurs, mais attention, n'offrez pas de chrysanthèmes ni d'œillets: ce sont des fleurs d'enterrement et de cimetière; pour les gens superstitieux, elles portent malheur.

6. **Et vous? Avez-vous des porte-bonheur? Êtes-vous superstitieux/se? Discutez avec votre voisin/e.**
Je suis très superstitieux/se.
Je ne suis pas vraiment superstitieux/se, mais ... le chiffre 13 me porte bonheur/... je mets toujours le même pull pour mes examens.

→ AB 1, 2 (V); 5 (G); 9 (C)

• Über das Autofahren und Sicherheitsvorkehrungen sprechen

Bonne route!

ÉCOUTER

→ www.

7. Regardez les textes et les dessins. La voiture des jeunes gens est très vieille. À votre avis, que dit le garagiste?

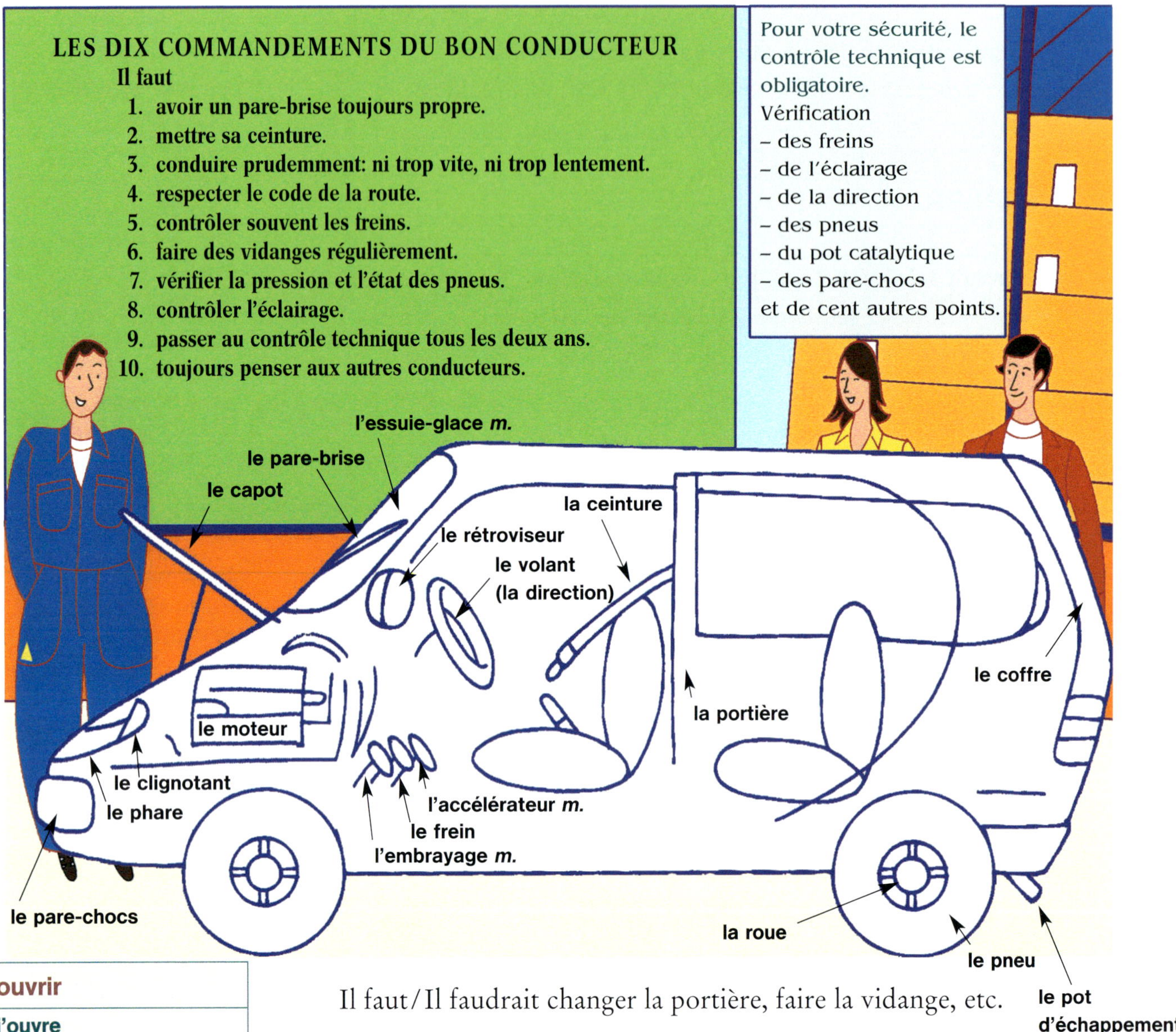

Il faut/Il faudrait changer la portière, faire la vidange, etc.

ouvrir
j'ouvre
tu ouvres
il/elle/on ouvre
nous ouvrons
vous ouvrez
ils/elles ouvrent
passé composé: j'ai ouvert
Genauso: découvrir und offrir

8. Écoutez le dialogue et corrigez les phrases si nécessaire. →18

Le jeune homme demande au garagiste de faire la vidange.
Le garagiste lui demande d'ouvrir le coffre.
Le garagiste propose de changer les freins.
La femme lui demande de réparer aussi les essuie-glaces.
La jeune femme s'occupe régulièrement de la voiture.
Le jeune homme accepte une vérification de l'état général de la voiture.
Le garagiste recommande de ne pas partir en vacances.

DÉCOUVRIR

9. Donnez pour chaque mot suivant le substantif ou le verbe correspondant.
la vérification / la réparation / le changement / le contrôle / le respect
freiner / éclairer / conduire

10. Donnez les adverbes correspondant aux adjectifs suivants: ***calme, différent, long, propre, simple, vrai.***

Die meisten Adverbien werden von Adjektiven abgeleitet. Um das Adverb zu bilden hängt man in der Regel an die feminine Form des Adjektivs die Endung -ment an:
pratique → pratiquement
juste → justement
régulier / régulière → régulièrement
lent / lente → lentement

⚠ prudent → prudemment
évident → évidemment
vrai → vraiment

S'ENTRAÎNER

11. Formez des phrases et utilisez les adverbes suivants: ***heureusement, sérieusement, bien, prudemment, mal, régulièrement.***
Pierre parle sérieusement de son travail.

Pierre Odile L'éclairage de la voiture On Je / J' Ce garagiste	travaille vérifie parle ai passé marche conduit	de son travail. mon permis de conduire. les freins de la voiture.

Die reflexiven Verben bilden das passé composé mit être:
ils se sont arrêtés
tu ne t'es jamais occupé / e
le contrôle s'est bien passé

12. Ils n'ont vraiment pas de chance! Quelqu'un a vu notre jeune couple sur la route des vacances. Racontez au passé composé.
Ils s'arrêtent au bord de la route. /
Elle s'assoit à côté de la voiture. /
Pendant ce temps, il s'occupe de la voiture. / Il se met en colère. /
Elle se lève. / Elle lui propose de l'aide. /
Il se calme. / Ils rient ensemble.

13. Jouez la scène à trois. À la station-service:
- Vous vous êtes trompé / e. Au lieu de faire le plein de super, vous avez pris du gazole.
- Vous expliquez votre erreur à votre partenaire.
- Il / Elle s'énerve.
- Vous demandez à un garagiste de vous aider.
- Le garagiste trouve une solution.

→ AB 3, 4 (V); 6, 7, 8 (G); 10 (C)

Document

14. **Regardez les panneaux. Lesquels sont internationaux, lesquels sont uniquement français?**

15. **Écoutez les infos routières et cochez les bonnes réponses.** →19

Info 1:
Cette information vous concerne si vous voulez aller en voiture

☐ de Paris à Bruxelles.
☐ en Espagne.
☐ dans les Alpes.
☐ en Bretagne.

Sur l'autoroute A2, il y a

☐ un accident.
☐ un bouchon.

Pour aller en Espagne, il faut prendre

☐ l'autoroute A64.
☐ la Nationale 10.

Info 2:
La circulation sur le périphérique extérieur est

☐ difficile.
☐ fluide.
☐ bloquée.

Info 3:
On recommande aux automobilistes

☐ de partir samedi matin.
☐ de prendre les grands axes.
☐ de suivre les itinéraires verts.

Repères

KOMMUNIKATION

Über Glück und Unglück sprechen
C'est mon jour de poisse./J'ai la poisse./ Quelle poisse!
J'ai de la chance./ Je n'ai pas de chance./ Pas de chance!
Je me suis levé/e du pied gauche.
Je me suis brûlé/e.
Je m'excuse, je me suis trompé/e.
Je n'ai pas pris le bon portable ...
Ça va bien se passer.
C'est toujours comme ça.
Elle est de mauvaise/bonne humeur.
Elle a une mascotte/un porte-bonheur.

In der Werkstatt
Il faut changer les essuie-glaces/les pneus ...
Il faut vérifier les freins ...
Vous pouvez contrôler la pression des pneus/les freins ...
Le pneu arrière droit est crevé.
Vous avez une roue de secours?
Le clignotant ne fonctionne plus.
Je fais la vidange?
Votre voiture est en bon état/en mauvais état.
Le contrôle technique s'est bien/mal passé.
Vous pouvez repasser dans une heure/demain.

1. **Wie sagen Sie, dass**
   a. Sie sich getäuscht haben?
   b. Sie nicht das richtige Notebook dabei haben?
   c. Sie Glück gehabt haben?
   d. Sie heute gute Laune haben?
   e. Sie einen Platten haben?
   f. Ihre Scheibenwischer kaputt sind?
   g. die Bremsen kontrolliert werden müssen?

GRAMMATIK

Die reflexiven Verben

se reposer
je me repose
tu te reposes
il/elle/on se repose
nous nous reposons
vous vous reposez
ils/elles se reposent

verneinte Form: Je ne me repose pas.
passé composé: Elle s'est reposée./ Elle ne s'est pas reposée.

futur composé: Elle va se reposer./ Elle ne va pas se reposer.

Alle reflexiven Verben werden mit être konjugiert.
Das Partizip wird dem Subjekt angeglichen.

Das Verb s'asseoir
je m'assois
tu t'assois
il/elle/on s'assoit
nous nous asseyons
vous vous asseyez
ils/elles s'assoient

passé composé:
je me suis assis/e

2. Setzen Sie die richtige Form der Verben ein.

1. Tu (se lever) à quelle heure, le matin?
2. Vous m'attendez? Je (se dépêcher).
3. Je suis vraiment en retard! Je (s'excuser).
4. Vous n'avez pas pris le bon train. Vous (se tromper)!
5. Ils (se promener) au bord de la mer.

Das Adverb

Adverbien beziehen sich

- **auf Verben:** Elle parle vite.
- **auf Adjektive:** Elle est absolument calme.
- **auf andere Adverbien:** Nous allons vraiment bien.
- **auf ganze Sätze:** Évidemment, il n'est pas venu!

Bei den Adverbien, die von Adjektiven abgeleitet werden, hängt man an die feminine Form des Adjektivs die Endung -ment an:

régulier → régulière → régulièrement
heureux → heureuse → heureusement

Bei Adjektiven, deren maskuline Form mit einem Vokal endet, wird das Adverb folgenderweise gebildet:

vrai → vraiment
absolu → absolument

Ausnahmen:
Adjektive mit der Endung -ent bilden das Adverb auf -emment:

évident → évidemment
prudent → prudemment

Bon und mauvais sind unregelmäßig:

bon → bien
mauvais → mal

3. Übersetzen Sie folgende Sätze:

1. Ich bin heute sehr spät aufgestanden.
2. Er guckt mich immer freundlich an.
3. Unglücklicherweise ist er nicht gekommen.
4. Ihm geht es sehr gut. Danke!
5. Sie kommt nicht regelmäßig zum Unterricht.

Die Konjugation des Verbs ouvrir

j'ouvre	nous ouvrons
tu ouvres	vous ouvrez
il/elle/on ouvre	ils/elles ouvrent

passé composé: j'ai ouvert

LERNTIPPS

Um den Wortschatz eines Wortfeldes (z. B. Auto oder Kleidung) besser zu behalten, verbinden Sie ihn mit einer Zeichnung oder einer Abbildung. Beschriften Sie diese mit den Wörtern, die Sie lernen wollen. Wählen Sie dabei aus, welche Begriffe für Sie wichtig oder interessant sind, die anderen brauchen Sie nicht zu lernen.

UNITÉ 6

ON DÉMÉNAGE

Sie lernen über Wohn- und Lebensqualität zu sprechen. Die Relativpronomen qui, que, où **sowie die Pronomen** y **und** en **werden vorgestellt.**

1. **À votre avis, dans quelle maison / quel immeuble habite cette famille? Justifiez votre réponse.**
   À mon avis, ils habitent ... car ...

2. **Quels sont les avantages et les inconvénients de chaque maison?**

3. **Dans quel logement aimeriez-vous habiter?**

• Wohnungen beschreiben
• Informationen erfragen

Un an à Genève

ÉCOUTER

1. **Écoutez et lisez le dialogue. Décrivez les images. Quelles illustrations correspondent à la description du propriétaire?** →20

Pour des raisons professionnelles Monsieur Masure va habiter un an à Genève. Il a loué une maison meublée pour sa famille. Il téléphone au propriétaire pour avoir quelques renseignements:

- Allô?
- Oui, Monsieur Anselme? Bonjour, c'est Alain Masure à l'appareil. Excusez-moi de vous déranger, mais nous arrivons à l'instant ... et il n'y a pas d'électricité!
- Ah, bonjour, Monsieur Masure! Ma femme a oublié de vous prévenir: on coupe toujours l'eau et l'électricité! Vous avez trouvé sans problème?
- Oui, oui, très bien, merci! Mais la route a été longue, nous sommes très fatigués! Où est le compteur électrique?
- Il est dans le placard, sous l'escalier. On y range aussi l'aspirateur, si vous en avez besoin. Pour l'eau, c'est pareil, le robinet est sous l'évier, dans la cuisine.
- D'accord ... Bien ...
- Ah, et pendant que j'y pense: la grande armoire dans la chambre est vide: vous avez assez de place pour y mettre vos affaires. Sur les étagères du salon, il y a aussi quelques livres et des bandes dessinées pour les enfants; vous pouvez bien sûr en profiter! ... Vous avez d'autres questions?
- ...

→ AB 11 (C)

DÉCOUVRIR

2. **Devinez la signification de ces mots à l'aide des mots allemands ou des mots que vous connaissez déjà.**
Où se trouvent ces meubles et ces objets dans la maison?
la commode / la table de nuit / le bureau / la cuisinière / la baignoire / la chaîne hi-fi / le fer à repasser / le lave-vaisselle

3. Réécoutez le dialogue de 1. Que remplacent *y* et *en*? Reliez et complétez la règle dans la marge.

On y range aussi l'aspirateur ... si vous en avez besoin. ... pendant que j'y pense ... Vous avez assez de place pour y mettre vos affaires. Vous pouvez bien sûr en profiter. On peut y dormir à deux. Vous allez y trouver ... Nous en avons aussi apporté ... Vous pouvez bien sûr en manger. Je vais en sortir vers 11 heures.	des livres dans l'armoire de l'aspirateur à ça sur le canapé des cerises des draps de la mairie dans le placard sous l'escalier dans les tiroirs

Das Pronomen __ steht für Ergänzungen, die mit de eingeleitet werden.
Das Pronomen __ vertritt Ortsangaben (außer denjenigen, die mit de eingeleitet werden) und indirekte Sachobjekte.
En und y stehen unmittelbar vor dem konjugierten Verb, das sie ergänzen:
J'y suis allé.
Je ne vais pas en revenir.

S'ENTRAÎNER

4. Remplacez les groupes soulignés par *y* ou *en* et retrouvez les expressions.

1. Je suis ici, je reste ici.
2. Tu veux encore du pain?
3. Qu'est-ce que tu penses de ce problème?
4. Je pense souvent à mes prochaines vacances.
5. Je viens de la gare.

5. Interviewez votre voisin/e. Il/elle répond avec *y* ou *en*. Demandez-lui si il/elle
va souvent en France.
a besoin du français pour son métier.
pense à son cours de français le reste de la semaine.
parle de son cours de français à sa famille/à ses amis.
profite de son temps libre pour apprendre du vocabulaire.
est déjà allé/e au cinéma voir un film en français.

JOUER

6. Jouez à deux. Regardez les pièces des pages 161 et 162. A regarde la pièce page 161 et la décrit à B. B la dessine. Comparez puis changez de rôle. B regarde page 162.

→ www.

→ AB 1, 2 (V); 5, 6, 7, 8 (G)

- Vor- und Nachteile benennen
- über Wohnqualität sprechen

Où habiter?

LIRE

7. Lisez la lettre et cochez la bonne réponse. Puis résumez les avantages du nouveau logement de Paul et Virginie.

Salut à vous qui êtes restés en région parisienne!

Notez notre nouvelle adresse:
Paul et Virginie Médran
3, rue des Fontaines, 41100 Vendôme
Tél.: 02 54 77 22 22
Mél inchangé: pauletvirginie@mario-net.fr

Nous sommes à Vendôme depuis trois semaines et nous avons presque oublié Conflans.
Paul est toujours à 55 minutes de son bureau: 10 minutes de voiture sans embouteillage jusqu'à la gare, 40 minutes de train, et 5 bonnes minutes à pied jusqu'à son bureau derrière la Tour Montparnasse. Avant, il devait changer, prendre le métro ... De plus, le TGV, qui est direct, est beaucoup plus confortable que le RER. L'école des enfants est à 5 minutes de chez nous. Je travaille toujours à la Sécu, mais je découvre une atmosphère que je ne connaissais pas à Paris: ici, les gens sont moins stressés, ils prennent le temps d'expliquer leurs problèmes et nous avons le temps de les écouter. Et je peux aller au travail en vélo quand il fait beau!
Nous habitons une grande maison avec un jardin dans un quartier où il fait bon vivre: c'est calme, et à deux pas nous avons une supérette où on trouve pratiquement tout.
La nature commence derrière notre maison. Pour les loisirs, c'est génial: on a retrouvé le chemin du cinéma, on fait de la marche en forêt, il y a beaucoup de petits restaurants sympathiques qui ne sont pas trop chers. Les châteaux de la Loire sont à une demi-heure de voiture. ... Et puis, Paris est à moins d'une heure par le TGV.
La vie de tous les jours est plus simple aussi: les enfants ont chacun leur chambre. Après l'école, ils peuvent aussi jouer dans le jardin. Pour les courses, on va deux fois par mois dans un centre commercial, comme avant, mais il y a une grande différence: les caissières sont plus aimables, et surtout, on fait moins la queue. Avec les voisins, c'est super: ils vous aident, ils vous prêtent l'outil que vous n'avez pas, on discute ...
Venez nous voir, ça va vous changer les idées.
À bientôt, donc. On vous attend.

Paul et Virginie

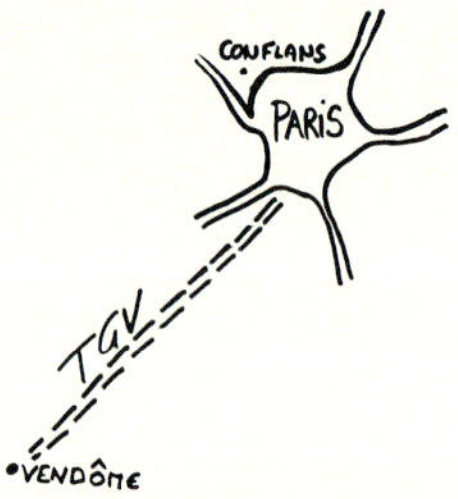

INFO

Bien que l'Île-de-France continue à attirer des milliers de personnes chaque année, le nombre de ses habitants diminue. Le développement des communications (TGV, autoroutes), l'augmentation du temps libre (les 35 heures), le prix de l'immobilier à Paris, le rapprochement des modes de vie en ville et à la campagne poussent de nombreuses familles à s'installer dans une ville de province près d'une ligne de TGV et d'une autoroute.

a. Paul met ☐ plus de temps / ☐ autant de temps / ☐ moins de temps pour aller à son travail.

b. Virginie trouve son travail ☐ plus agréable. / ☐ plus difficile. / ☐ plus fatigant.

c. Ils habitent dans ☐ un HLM. / ☐ un quartier agréable. / ☐ un appartement du centre-ville.

d. À Vendôme, les gens sont ☐ de mauvaise humeur. / ☐ stressés. / ☐ gentils.

e. Paul et Virginie trouvent la qualité de vie ☐ meilleure / ☐ aussi bonne / ☐ moins bonne dans la banlieue parisienne qu'à Vendôme.

S'ENTRAÎNER

8. Trouvez dans le texte les phrases qui veulent dire la même chose que les phrases suivantes. Quand emploie-t-on *qui*? *que*? *où*?

a. Le TGV est direct. Il est beaucoup plus confortable que le RER.
b. Je découvre une atmosphère. Je ne la connaissais pas avant.
c. Nous habitons dans un quartier. Il fait bon y vivre.
d. Nous avons une supérette. On y trouve presque tout.
e. Il y a beaucoup de restaurants sympathiques. Ils ne sont pas trop chers.
f. Ils vous prêtent l'outil. Vous ne l'avez pas.

Die Relativpronomen qui, que und où ersetzen ein Nomen und führen einen Nebensatz ein. Im Nebensatz ist qui Subjekt, que Objekt und où steht für eine Ortsbestimmung.

9. Complétez les phrases par *qui*, *que*, *où*.

a. Le jardin ___ il y a de grands arbres est très agréable.
b. Nous avons acheté une maison ___ fait 200 m^2.
c. Le train ___ Paul prend part à 7h40 de Vendôme.
d. Est-ce que je t'ai rendu l'outil ___ tu m'as prêté?
e. Vous connaissez Tours? Avec ses vieilles rues, c'est une ville ___ me plaît beaucoup.
f. Nous vivons dans une région ___ on peut faire de longues promenades et ___ on peut découvrir de beaux châteaux.
g. Le château ___ je préfère se trouve sur les bords de l'Indre.
h. La description ___ tu fais de ta nouvelle vie me donne envie de venir te voir.

PARLER

10. Vous habitez où? Quels sont les avantages et les inconvénients?

11. Centre-ville, banlieue ou campagne? Discutez en groupes de trois. Chacun cherche des arguments pour un mode de vie et contre les deux autres.

ÉCRIRE

12. Sandrine a reçu la lettre de Paul et Virginie et y répond. Écrivez sa réponse. Tenez compte des points suivants:

Sandrine remercie pour la lettre/demande des détails sur la maison.
Elle annonce sa visite pour bientôt/demande si cela convient.

→ AB 3 (V); 9, 10 (G); 12, 13 (C)

Document

13. Écoutez la chanson et reliez les expressions à leur signification en allemand.
→21

Bénabar ***Y'a une fille qu'habite[1] chez moi***

Plusieurs indices m'ont mis la puce à l'oreille
J'ouvre l'œil
J'vais faire une enquête pour en avoir le cœur net
Ça m'inquiète[2]

Y'a des détails qui trompent pas

Les draps la couette[3] et la taie d'oreiller
Sont plus dépareillés[4]
A coté de mes fringues en boule
Y'a des vêtements pliés et repassés

Y'a des détails qui trompent pas
J'crois qu'y a une fille qu'habite chez moi!

Deux brosses à dents dans la salle de bain
Du savon sans savon et le sèche-cheveux
C'est certainement pas le mien[5]
Des petites boules bizarres
Pour parfumer la baignoire
C'est un vrai cauchemar
Quelqu'un a massacré tous mes amis cafards[6]!

Dans la cuisine des sachets de thé
De verveine[7] de camomille
Un message sur le répondeur d'une mère
Qu'est pas la mienne[8]
V'là qu'elle s'en prend à ma famille!

Y'a des détails qui trompent pas

Quelqu'un en traître a fait la vaisselle
Où sont mes habitudes mon ménage trimestriel?
J'ouvre le frigo horreur c'est d'la folie!
Y'a plein de légumes!
Y'a même des fruits!

Y'a des détails qui trompent pas
j'crois qu'y a une fille qu'habite chez moi!

Où sont mes potes qui glandaient devant la télé
Les boîtes de pizza les paquets de chips éventrés
Les mégots de cigarettes écrasés dans les assiettes
Ma collection de new look? Aux oubliettes!

Dans la table de nuit y'a plus de capotes[9] mais de l'aspirine
Y'a une fille qu'habite chez moi
Y'a aussi des bougies contre l'odeur de la nicotine
Y'a une fille qu'habite chez moi!

Y'a des détails qui trompent pas

Y'a un vrai rideau y'a plus un drap cloué[10] sur la fenêtre!
Qu'est ce que c'est que ça mon Dieu?
Mais c'est une plante verte!

L'aspirateur est encore chaud
C'est trop je porte plainte!
Je vais l'emmener au labo
Pour vérifier les empreintes

On dirait que je suis plus célibataire
La coupable je la tiens
Elle est devant moi l'étau se resserre
Accrochée au téléphone assise en tailleur[11]
Dans une jolie robe à fleurs
Une fille me dit «arrête ton cinéma
Et le loyer je le paye autant que toi!»

Paroles et musique: Bruno Nicolini dit Bénabar

1 *hier* qui habite; 2 es beunruhigt mich; 3 Decke; 4 nicht passend; 5 meiner; 6 Küchenschabe; 7 Eisenkraut; 8 meine; 9 Kondom; 10 mit Nägeln befestigt; 11 im Schneidersitz

1. mettre la puce à l'oreille de quelqu'un	☐ a. sich vergewissern
2. ouvrir l'œil	☐ b. aufmerksam sein
3. en avoir le cœur net	☐ c. mit dem Zirkus/Theater aufhören
4. s'en prendre à quelqu'un	☐ d. zum alten Eisen
5. en traître	☐ e. jemanden hellhörig machen
6. C'est de la folie!	☐ f. jemanden angreifen
7. aux oubliettes	☐ g. Es ist purer Wahnsinn!
8. arrêter son cinéma	☐ h. heimlich

14. Relevez le vocabulaire qu'on peut trouver dans une enquête policière.

15. Trouvez dans le texte les synonymes de:

1. les vêtements
2. un mauvais rêve
3. beaucoup de
4. un copain
5. ne rien faire
6. un reste de cigarette

16. Décrivez l'appartement de l'homme avant l'arrivée de la fille.

→ AB 4 (V); 14, 15 (AS)

Repères

KOMMUNIKATION

Sich in einem Haus orientieren
Où est le compteur électrique?
Le compteur est sous l'évier/dans le placard.
Sur les étagères, il y a des livres.
Est-ce qu'il y a un canapé-lit?
La clé du garage est derrière le frigidaire/au mur.

Vorteile eines Hauses/einer Wohnung benennen
On est à une demi-heure du bureau.
L'école est à cinq minutes de chez nous.
Je peux aller au travail en vélo.
Nous habitons dans un quartier où il fait bon vivre.
À deux pas, nous avons un supermarché où on trouve tout.
La nature commence derrière la maison.
Pour les loisirs, c'est génial.
La vie de tous les jours est devenue plus simple.
Les voisins sont gentils.

Höflichkeitsformeln
Excusez-moi de vous déranger.
On ne veut pas vous déranger plus longtemps.
Vous avez trouvé sans problème?
11 heures et demie, ça vous va?

Hilfe anbieten
Si vous avez besoin de quelque chose ...
Vous avez d'autres questions?
Je peux passer vous voir demain matin.

1. Was sagen Sie in folgenden Situationen?

a. Sie entschuldigen sich, dass Sie (eventuell) stören.
b. Sie fragen, ob Sie morgen um 12 vorbeikommen können.
c. Sie erklären, dass der Staubsauger im Schrank ist, und dass der Garagenschlüssel an der Wand hängt.
d. Sie erklären, dass der Supermarkt ganz in der Nähe und der Bäcker fünf Minuten entfernt ist.
e. Das Alltagsleben ist unkomplizierter und die Lebensqualität des Stadtviertels ist gut.

GRAMMATIK

Die Ortspräpositionen
à
de
dans
contre
sous/sur
derrière/devant
jusqu'à

Die Pronomen en und y
Das Pronomen en steht für Ergänzungen, die mit de eingeleitet werden. Zu diesen zählen:
unbestimmte Mengen, die mit dem Teilungsartikel angegeben werden: Il y a des cerises dans le jardin: vous pouvez en manger.
Ortsangaben, die mit de eingeleitet werden: Les enfants sortent de l'école à 4 heures? Non, ils en sortent à 5 heures.
Sachobjekte, vor denen de steht: Vous avez besoin de l'aspirateur? Non, je n'en ai pas besoin maintenant.

Das Pronomen y vertritt

- **Ortsangaben (außer denjenigen, die mit de eingeleitet werden):** On va à Vendôme? D'accord, on y va.
- **Indirekte Sachobjekte, die mit à eingeleitet werden:** Tu penses à mon livre? Oui, bien sûr, j'y pense.

2. Beantworten Sie die Fragen, indem sie *en* oder *y* verwenden.

1. On va au marché?
2. Tu viens de Vendôme?
3. Tu as de l'argent?
4. Tu penses à acheter le pain?
5. Tu as besoin de la voiture maintenant?
6. Pour aller à Vendôme, vous passez par Paris?

Die Relativpronomen qui, que, où.

Relativpronomen stehen für Personen oder Sachen und können Sätze miteinander verbinden. Sie sind unveränderlich.

qui ist Subjekt des Relativsatzes: Paul, qui travaille toujours à Paris, est très content d'habiter à Vendôme.

que ist direktes Objekt im Relativsatz: Le travail que j'ai trouvé est passionnant.

où steht für Ortsangaben: Le bureau où Paul travaille est près de la gare Montparnasse.

3. *Qui, que* oder *où*?

1. Les Lerouge? C'est la maison ___ est à droite, à côté de la poste.
2. L'endroit ___ nous avons passé nos vacances était magnifique.
3. L'entreprise ___ je travaille a des problèmes.
4. Je cherche une personne ___ parle français.
5. Le dernier film ___ j'ai vu était nul, mais le dernier livre ___ j'ai lu était passionnant.

LERNTIPPS

Wenn Sie Schwierigkeiten haben zu behalten, wann man *en* und wann man *y* benutzt, lernen Sie eine paar Musterbeispiele auswendig, die Ihren eigenen Alltag betreffen, z. B:

J'y vais à 8 heures. (au bureau)

J'en achète tous les jours. (du pain)

AU BOULOT!

Sie lernen über die Arbeitswelt zu sprechen.
Der subjonctif **sowie die Frageformen mit** qu'est-ce qui **und** qu'est-ce que **werden vorgestellt.**

1. **Parmi ces personnes, qui selon vous travaille? Décrivez ce qu'elles font.**

2. **Le travail, pour vous, qu'est-ce que c'est?**
   - ● Moi, je travaille pour gagner de l'argent/donner un sens à ma vie.
   - ▲ Pour moi, c'est un moyen de m'épanouir/d'aider les autres/de devenir célèbre.
     un rêve/un mal nécessaire.
     avoir du pouvoir.
     être indépendant.

- über Stellenangebote sprechen
- Wünsche äußern
- Ratschläge erteilen

Il faut que je réfléchisse

LIRE

1. Lisez les annonces et classez le vocabulaire dans le tableau.

formation / études	conditions de travail / salaire
...	...

a.
Clinique de la Maison Blanche, Paris 8
recherche
Infirmière diplômée d'État
JOUR/NUIT
CDD – à plein temps ou à temps partiel
Tél. pour RV: 01 46 34 56 88

b.
Boulanger-pâtissier (Versailles)
recherche **apprenti boulanger**
CDI après 2 ans d'apprentissage
Tél. au 01 34 77 11 87 pour RV
(avec un des parents pour un candidat mineur)

c.
Laboratoire recherche
aide comptable H/F
niveau BTS + 1 an d'expérience
anglais souhaité
candidature à:
Les laboratoires associés
11 rue de Stockholm - 75008 Paris

d.
Important centre de recherches en climatologie
recherche
son / sa responsable de la documentation
formation bac + 5 (géographie, climatologie, hydrographie)
expérience 3 ans minimum
anglais indispensable
Adressez lettre de motivation, CV et photo sous la référence FE/CCL à Bureau Conseil Major
BP 269, 33000 Bordeaux

e.
Nous recherchons
TELEVENDEURS H/F
bac + 2, anglais parlé, espagnol souhaité
1 an d'expérience commerciale minimum
salaire attrayant + primes
horaires souples
La maison de l'électroménager
4 rue Descartes
92200 Montrouge - Tél.: 01 46 87 87 45

f.
INFORMATIQUE
Le défi de la formation
Salarié, fonctionnaire ou demandeur d'emploi, vous pouvez décider d'avoir un travail plus intéressant et mieux payé. Devenez un(e) professionnel(le) de l'informatique recherché(e).
Nous préparons également aux concours administratifs.
Pour toute information sur nos centres de formation et notre enseignement à distance: 01 46 03 14 48 ou www.defi-formation.com

INFO

La formation professionnelle en France.
On peut, sans le baccalauréat, à partir de 16 ans, faire soit un apprentissage en entreprise, soit une formation scolaire avec stages en entreprise.
Pour les formations après le baccalauréat, on distingue les formations courtes: bac + 2 (années d'études) qui mènent à un diplôme tel que le BTS (Brevet de Technicien Supérieur) et les formations longues: bac + 4/5 qui mènent à des diplômes d'études supérieures.
Les administrations recrutent sur concours.

DÉCOUVRIR

→22 **2. Écoutez les interviews. Plusieurs personnes parlent de leurs projets professionnels. À votre avis, quelle personne pourrait répondre à quelle annonce?**

1. ___ 2. ___ 3. ___ 4. ___ 5. ___ 6. ___ 7. ___

→22 **3. Réécoutez et complétez. Trouvez ensuite les infinitifs des verbes soulignés.**

1. ___ je <u>suive</u> une formation.
2. mon travail me <u>laisse</u> beaucoup de liberté.
3. ___ je <u>trouve</u> un emploi à temps partiel.
4. ___ je <u>réfléchisse</u>.
5. le salaire <u>soit</u> intéressant.
6. ___ je <u>fasse</u> des études à la fac.

S'ENTRAÎNER

4. Un nouveau travail? Que voulez-vous? Utilisez le subjonctif.

<table>
<tr><td>j'
je</td><td>aimerais
voudrais</td><td rowspan="3">que
qu'</td><td rowspan="2">mon chef
mes collègues
le travail
les horaires
il</td><td>être</td><td>attrayant
intéressant
bien payé
souples
sympa</td></tr>
<tr><td rowspan="2">il</td><td rowspan="2">faut</td><td>(me)
laisser</td><td>de la liberté
des responsabilités</td></tr>
<tr><td>je</td><td>(me)
faire</td><td>bien le café
confiance
des progrès
une formation</td></tr>
</table>

5. Complétez le message de Jérôme à sa collègue Jeanine.

Jeanine,
Si tu veux partir avec tes enfants cette année, il faut que ce (être) ___ en août, parce que monsieur Calmin aimerait que tu ne (partir) ___ pas au mois de juillet. Il voudrait que tu (être) ___ là quand nos clients japonais vont venir visiter l'entreprise. Il faut qu'on leur (préparer) ___ un accueil parfait. Il faut absolument qu'ils (choisir) ___ de travailler avec nous et qu'ils (passer) ___ une nouvelle commande. Il faut de toute façon qu'on (se mettre d'accord) ___ sur le déroulement de ces journées. Monsieur Calmin aimerait qu'on (voir) ___ ça ensemble demain matin à 10 heures. Ça te va?
Bonne journée
Jérôme

Sie bilden den subjonctif aus dem Stamm der 3. P. Pl. (ils/elles) des Präsens Indikativ und den Endungen des subjonctif.

trouver: ils/elles trouvent
→ que je trouve
que tu trouves
qu'il/elle/on trouve
que nous trouvions
que vous trouviez
qu'ils/elles trouvent

partir: ils/elles partent
→ que je parte, que nous partions
réfléchir: ils/elles réfléchissent
→ que je réfléchisse, que nous réfléchissions

il faut que/aimer que vouloir que lösen den subjonctif aus.

→ www.

⚠ faire: unregelmäßiger Stamm, regelmäßige Endungen: que je fasse, que nous fassions.
être: unregelm. Konjugation:
que je sois
que tu sois
qu'il/elle/on soit
que nous soyons
que vous soyez
qu'ils/elles soient

→ AB 1, 3 (V); 5, 6 (G); 9 (C)

PARLER

6. Votre partenaire a été sélectionné/e pour un des postes proposés dans l'exercice 1. Donnez-lui des conseils.

a. Rassemblez des idées concernant la préparation de l'entretien, les vêtements, le comportement, le déroulement de l'entretien, etc.

b. Simulez la préparation de l'entretien.
- ● Est-ce qu'il faut que je mette une cravate?
- ■ Oui, et il faut que tu sois à l'heure …

- Funktionen benennen
- Veränderungen vorschlagen

Vous travaillez où?

LIRE

7. Regardez l'annuaire. Qui est responsable de quoi?

Les Magasins M Annuaire interne du magasin de Cergy		
Nom	**Fonction**	**Poste**
M. Berthon	responsable des achats	12 31
Mme David	secrétariat	12 36
M. Dib	responsable de la sécurité	12 29
Mme Hadj	comptable (service de la paye)	12 37
Mme Lamy	directrice des ressources humaines	12 21
M. Lecordier	directeur commercial	12 22
Mme Morice	gérante (direction)	12 27
Mme Pesanti	responsable du service clientèle	12 34
M. Picard	responsable des ventes	12 23
M. Rodrigues	contrôleur de la qualité et de l'hygiène	12 35
Mme Royer	directrice financière	12 25

- ____ contrôle les aliments.
- ____ prend les décisions importantes./est le chef du magasin.
- ____ s'occupe de l'embauche et de la formation des employés.
- ____ choisit les produits.
- ____ gère le budget de l'entreprise.
- ____ s'occupe du courrier, etc.

8. Et vous, où travaillez-vous? Que faites-vous?

Je suis professeur: je donne des cours de français.
Je suis femme au foyer: j'élève mes enfants.

ÉCOUTER

9. Leïla rencontre par hasard une copine et lui parle de son nouveau travail. Écoutez et lisez le dialogue, puis répondez aux questions. →23

Qu'est-ce qui plaît à Leïla dans l'entreprise où elle travaille?
Qu'est-ce qu'elle trouve difficile?
Qu'est-ce qui l'intéresse particulièrement dans son travail?
Qu'est-ce qu'elle aimerait pour l'avenir?

- Qu'est-ce que tu fais maintenant?
- Je travaille à Cergy, aux Magasins M. Je suis à la comptabilité.
- Tu travailles à plein temps?
- Non, j'ai de la chance. Élodie ne va pas encore à l'école, alors il faut qu'il y ait toujours quelqu'un à la maison: Christian et moi, on travaille tous les deux à temps partiel.
- Et tes collègues?
- Nous sommes tous jeunes. L'ambiance est assez bonne avec les collègues du bureau, mais ce n'est pas la même chose avec les vendeurs ou les caissières. C'est parfois un peu difficile.
- Mais tu es contente de ton boulot?
- Oui, vraiment! J'ai mon petit domaine à moi: je m'occupe de la paye. Je m'occupe aussi de la formation continue des employés. Et pour ça, il faut que j'aille à Paris de temps en temps. C'est très intéressant.
- Et ton salaire?

aller
que j'aille
que tu ailles
qu'il/elle/on aille
que nous allions
que vous alliez
qu'ils/elles aillent

avoir
que j'aie
que tu aies
qu'il/elle/on ait
que nous ayons
que vous ayez
qu'ils/elles aient

■ Ça, c'est une autre histoire: le salaire n'est pas terrible! On me promet une augmentation depuis plusieurs mois. J'attends toujours ...
Oh, là, là! Déjà 2 heures, il faut que je rentre ...
Il faudrait que vous veniez un soir à la maison et qu'on se fasse un petit couscous, qu'est-ce que tu en penses?
● Bonne idée, je te rappelle.
■ D'accord. Salut!

10. *Qu'est-ce qui* ou *qu'est-ce que?* Reliez.

● Qu'est-ce qui fait ce bruit bizarre?
● Qu'est-ce qui ne marche pas?
● Qu'est-ce que tu prends comme plat?
● Qu'est-ce que tu cherches?
● Qu'est-ce que tu attends avec une telle impatience?
■ Je ne trouve plus la lettre, je la cherche depuis une heure.
■ J'attends un coup de téléphone pour mon augmentation.
■ Eh bien, je vais prendre du poulet.
■ La photocopieuse. Elle est encore tombée en panne.
■ Mon ordinateur ne fonctionne plus. Tout est bloqué!

Bezieht sich die Frage auf eine Sache, die im Satz Subjekt ist, endet das Fragewort mit qui.

Bezieht sich die Frage auf eine Sache, die im Satz Objekt ist, endet das Fragewort mit que.

11. Complétez les questions. Puis discutez avec votre voisin/voisine.

____ vous aimez le plus dans votre travail?
____ est le plus important pour vous dans votre vie professionnelle?
____ caractérise votre entreprise?
____ il faut changer à votre avis?
____ vous aimeriez faire dans 10 ans?

PARLER

12. Faites des propositions pour améliorer encore l'ambiance du cours et votre français. Utilisez le subjonctif. Trouvez d'autres idées.

J'aimerais que/Il faut que

aller ensemble au restaurant/écouter plus souvent la radio/des CD/ faire plus d'exercices/faire un voyage en France/parler moins vite/ regarder des films en français/avoir cours plus souvent/avoir plus de devoirs à la maison

Die Verben, die im Präsens Indikativ einen zweiten Stamm bei der 1. und 2. Person Plural haben, behalten ihn im subjonctif.
acheter: ils achètent, nous achetons → que j'achète, que nous achetions.
prendre: ils prennent, nous prenons → que je prenne, que nous prenions.
venir: ils viennent, nous venons → que je vienne, que nous venions.

→ AB 2 (V); 7, 8 (G); 10 (C)

Document

13. **Lisez la BD. Imaginez ce qui se passe à la fin et comparez avec l'image page 158.**

14. **Retrouvez les qualités correspondant aux adjectifs, puis opposez qualités et défauts.**

Qualités			Défauts		
substantif		adjectif	substantif		adjectif
____	→	bon	l'avarice	→	avare
____	→	courageux	la bêtise	→	bête
____	→	généreux	la lâcheté	→	lâche
____	→	tendre	la laideur	→	laid
____	→	intelligent	la méchanceté	→	méchant
____	→	beau	la violence	→	violent

15. **Quels sont les défauts de votre patron? Quelles sont les qualités d'un chef idéal?**

→ AB 4 (V); 11 (C); 12, 13 (AS)

Repères

KOMMUNIKATION

Über Ausbildung und berufliche Tätigkeiten sprechen
J'ai le bac./Je n'ai pas le bac.
J'aimerais reprendre mes études.
Je voudrais faire une formation en informatique.
Je parle assez bien anglais./
Mon anglais n'est pas mauvais.
J'ai fait des études de comptable, j'ai un BTS.
J'ai fait des stages.
Je suis responsable de la documentation/des achats ...
Je suis infirmière diplômée d'État.
J'ai trois ans d'expérience.
J'ai passé des concours administratifs.

Über Arbeitsbedingungen sprechen
Mon salaire est/n'est pas formidable/attrayant.
Je gagne/ne gagne pas beaucoup.
J'ai un contrat à durée déterminée/indéterminée.
J'ai un emploi à plein temps/à temps partiel.
On nous a promis une augmentation de salaire.
L'ambiance est bonne.
Je m'occupe de la formation continue des employés.

Eine Notwendigkeit ausdrücken
Il faut/Il faudrait que je réfléchisse.

Einen Wunsch ausdrücken
J'aimerais/Je voudrais que mes horaires de travail soient plus souples.

1. Was sagen Sie über folgende Personen?

a. Christian hat einen Abschluss in Informatik und fünf Jahre Berufserfahrung.
b. Françoise ist für den Einkaufsbereich verantwortlich.
c. Michèle hat jetzt einen unbefristeten Arbeitsvertrag.
d. In Oliviers Betrieb sind die Arbeitszeiten flexibel.
e. Claire hat eine Teilzeitstelle.
f. Denis möchte bald eine Gehaltserhöhung bekommen.

GRAMMATIK

Die Fragewörter qu'est-ce qui und qu'est-ce que.
Diese beiden Fragewörter verwendet man, um nach einer Sache zu fragen.
Bezieht sich die Frage auf das Subjekt des Verbs, heißt das Fragewort qu'est-ce qui, bezieht sich die Frage auf die Objektergänzung des Verbs heißt das Fragewort qu'est-ce que.
Qu'est-ce qui fait ce bruit? – La machine à laver (fait ce bruit.)
Qu'est-ce que tu préfères, le thé ou le café? – Je préfère le thé.

2. Welche Fragen wurden bei folgenden Antworten gestellt?

1. Le bruit me dérange.
2. J'ai acheté du pain, du beurre et des fruits.
3. Nous écoutons un reportage sur le Sénégal.
4. Les prix ne diminuent pas souvent.
5. Ce chemisier va bien avec ton pantalon.

Der subjonctif

Bildung des subjonctif

Im subjonctif geht dem Verb meistens die Konjunktion que voran.

Sie bilden den subjonctif mit dem Stamm der 3. Person Plural des Präsens Indikativ (ils/elles regard-ent) und fügen die Endungen e, es, e, ions, iez, ent hinzu.

sortir: Präsens Indikativ: ils/elles sortent → que je sorte, que nous sortions
choisir: Präsens Indikativ: ils/elles choisissent → que je choisisse, que nous choisissions
mettre: Präsens Indikativ: ils/elles mettent → que je mette, que nous mettions

Regarder
que je regarde
que tu regardes
qu'il/elle/on regarde
que nous regardions
que vous regardiez
qu'ils/elles regardent

Auslöser des subjonctif
il faut que
aimer que
vouloir que

Die Verben, die im Präsens Indikativ bei der 1. und 2. Person Plural (nous und vous) einen zweiten Stamm haben, behalten diesen Stamm im subjonctif.

acheter: ils/elles achètent, nous achetons → que j'achète, que nous achetions
prendre: ils/elles prennent, nous prenons → que je prenne, que nous prenions
venir: ils/elles viennent, nous venons → que je vienne, que nous venions

Unregelmäßige Verben mit unregelmäßigem Stamm und regelmäßigen Endungen:		Unregelmäßige Verben mit unregelmäßigem Stamm und unregelmäßigen Endungen:	
faire	aller	être	avoir
que je fasse	que j'aille	que je sois	que j'aie
que tu fasses	que tu ailles	que tu sois	que tu aies
qu'il/elle/on fasse	qu'il/elle/on aille	qu'il/elle/on soit	qu'il/elle/on ait
que nous fassions	que nous allions	que nous soyons	que nous ayons
que vous fassiez	que vous alliez	que vous soyez	que vous ayez
qu'ils/elles fassent	qu'ils/elles aillent	qu'ils/elles soient	qu'ils/elles aient

3. Setzen Sie die Verben in die richtige Form.

1. Pour avoir cet emploi, il faudrait que son allemand (être) meilleur.
2. J'aimerais que nous (avoir) bientôt une augmentation de salaire.
3. Il faudrait que nos horaires de travail (être) plus souples.
4. Il voudrait que tu (demander) un temps partiel.
5. Il faut que je (faire) un stage d'informatique.

UNITÉ 8

Sie lernen französische Nachrichten und Informationsquellen kennen. Sie verfassen Briefe und Mitteilungen. Weitere Auslöser des *subjonctif*, der *subjonctif* von *pouvoir*, die Steigerung der Adverbien und der Plural der Nomen auf *-al* werden vorgestellt.

KESKI Z-ONDI?

1. **Qu'est-ce que le jeune homme va faire en premier?**
   se boucher les oreilles
   fermer la porte
   répondre au téléphone
   éteindre la télé/la radio ...

2. **Qu'est-ce que vous allumez en premier le matin et quand vous rentrez chez vous?**

- über Informationsquellen sprechen
- sich über Nachrichten äußern

Ils l'ont dit à la radio

ÉCOUTER

1. Écoutez et cochez les bonnes réponses. De quoi parle-t-on? →24

- ☐ d'une coupure d'électricité annoncée pour le matin
- ☐ des inondations dans le Midi
- ☐ de la météo
- ☐ de l'ouverture d'un grand magasin au pied de l'Arc de triomphe
- ☐ du plan anti-inondations à Paris
- ☐ de la nouvelle collection du Musée d'Orsay

2. Réécoutez le dialogue. Où les personnes ont-elles lu ou entendu chaque information? →24

au journal télévisé
sur Internet
dans le journal
dans un magazine
à la radio

Die meisten Nomen auf -al haben die Pluralendung -aux
un journal: des journaux

LIRE

3. À deux: A lit le texte ci-dessous, B le texte page 162. Rapportez à votre partenaire ce que vous avez compris.
J'ai lu un article dans le journal, sur Internet. Il parle de ...

la Une
actualités internationales
actualités nationales
actualités régionales
rubriques:
- sport
- économie
- météo
- culture
- petites annonces

Inondations: la capitale est-elle prête?

Les inondations catastrophiques ne sont pas le privilège de la province: Paris aussi est menacé. Après l'année la plus humide jamais enregistrée en France, la Seine risque d'inonder la capitale. Les autorités étudient un plan anti-inondations pour les transports en commun (en particulier le métro), l'électricité, l'eau, les télécommunications, les hôpitaux ... Certains musées ont déjà commencé à déménager leurs collections en banlieue ou en province.

DÉCOUVRIR

4. Regardez le sommaire du journal de l'exercice 3.
Quelle rubrique vous intéresse si vous voulez savoir
- ce qui s'est passé dans les dernières heures?
- qui a gagné le championnat d'Europe de foot?
- quels films sont sortis au cinéma cette semaine?
- quels sont les cours de la bourse?
- s'il pleut à Bordeaux?

S'ENTRAÎNER

5. Comparer les médias. Lequel vous offre l'information la plus/moins
- rapide?
- objective?
- complète?
- claire?

On s'informe plus rapidement par la télé que par les journaux.
Je crois que c'est la télé qui informe le moins objectivement.

Adverbien kann man genauso wie Adjektive steigern, mit (le) plus, aussi, (le) moins und dem Vergleichswort que

→ www.

6. Qu'est-ce qui vous intéresse? Comment vous informez-vous?

Je/J'	écoute lis m'informe ... par m'intéresse ... à regarde	(le)	plus aussi moins ø	souvent de temps en temps rarement régulièrement particulièrement	...

J'écoute le plus souvent la radio. Je m'intéresse plus particulièrement aux actualités régionales.

INFO

La plupart des Français écoutent le matin les informations à la radio et/ou regardent le soir le journal télévisé. Un Français sur trois lit un journal tous les jours: *L'Équipe* (sportif) est le plus lu, suivi de *Ouest France*. On lit soit un journal régional, soit un quotidien national comme *Le Monde* (libéral de gauche), *Le Figaro* (centre droit), *Libération* (gauche) ou *La Croix* (catholique). Les Français lisent surtout des magazines (96 % d'entre eux), hebdomadaires ou mensuels, tels que *Femme actuelle*, *Paris-Match*, *le Nouvel Observateur* ... Il faut remarquer l'intérêt de plus en plus grand pour *Courrier international* (avec de nombreux extraits de la presse étrangère).

→ AB 1, 2 (V); 4 (G); 7 (C)

- formelle Briefe schreiben
- informelle Mitteilungen verfassen

Merci de confirmer

LIRE

Nach bien que und pour que müssen Sie den subjonctif verwenden

Das Verb pouvoir hat im subjonctif einen unregelmäßigen Stamm: que je puisse

7. Lisez le mail et imaginez à deux les réponses des six collègues de Géraldine à l'aide des éléments proposés.

YAHOO! Mail — Yahoo! - Mon Yahoo! - Aide

Mail | Adresses | Agenda | Notes — tarik_de_lyon@yahoo.fr [Fermer session]

Écrire — Envoyer une carte de voeux

Envoyer | Sauvegarder | Orthographe | Annuler

Insérer des adresses or enter alias (en les séparant par une virgule).

À: Santos, José; Delesbre, Claudine; Morel, Philippe; Vercel, Francois; Dupuis, Alain; Birou, Bernadette

Cc: Cci:

Objet : Conférence

Pièces jointes : [Ajouter]

Chères/Chers collègues,

Nous avons invité le professeur Henri Darou, qui enseigne à HEC, pour qu'il nous aide à répondre à la question que nous nous posons tous:
Quelle est l'importance du choix des enfants sur les achats des parents?
Monsieur Darou ne peut venir qu'au mois de mars, et seulement un mardi après-midi, de 15 h à 17 h 30, c'est-à-dire, au choix: le 5, le 12, le 19 ou le 26.
Bien que la conférence n'ait pas lieu avant deux mois, je vous remercie de me donner rapidement la date qui vous convient le mieux pour que je puisse tout organiser.
Bonne journée à tous.
Géraldine Nicolas
Service marketing

- Bernadette Birou préfère le 19.
- José Santos est libre le 5 et le 12.
- Alain Dupuis peut venir le 12.
- François Vercel n'est pas libre le mardi.
- Philippe Morel est libre tous les mardis sauf le 26.
- Claudine Delesbre ne sait pas encore si elle est libre en mars.

Géraldine,
Le mardi 19 me convient le mieux, mais les autres dates me vont aussi.
Bonne journée
Bernadette Birou

Géraldine, Bonjour, Bonne journée À bientôt Amitiés

D'accord pour ... ... me convient le mieux De préférence ... ... ne me convient pas Impossible ... Je ne sais pas si je peux ... OK. Je te préviens aussi vite que possible. ... me vont aussi. Pas de problème!

→ AB 5, 6 (G)

S'ENTRAÎNER

8. Complétez le mail de Géraldine avec les verbes à l'indicatif ou au subjonctif.

avoir – convenir (2 x) – donner – être – remercier

Bien que la date ne ____ pas à tout le monde (mais elle ____ à la plupart d'entre vous et à la direction), le professeur Darou ____ sa conférence:

le mardi 12 mars, à 15 h 30

dans la grande salle de réunion du troisième.

J'aimerais que les participants ____ tous à partir de 15 h 00 dans la salle de réunion. Pour qu'il n'y ____ pas de confusion, je vous ____ de me confirmer votre présence.

Géraldine Nicolas
Service marketing

Madame,
Monsieur,

J'ai le plaisir / le regret de ...
Je vous confirme ...
Pourriez-vous, s'il vous plaît ...
Je suis à votre entière disposition pour ...

Sincères salutations
Veuillez agréer, Madame / Monsieur, mes salutations distinguées

9. Écrivez au professeur Darou la lettre de confirmation de Géraldine.

- Vous lui rappelez le titre de sa conférence.
- Vous lui communiquez la date: le mardi 12 mars à 15 heures 30.
- Vous lui communiquez le lieu de la conférence: salle de réunion n° 300 (3e étage, gauche) et vous lui rappelez l'adresse.

SONNENDI
communication

32 quai du Point-du-Jour, F 75016 Paris
Tél. +33 1 46 62 22 34
Fax + 33 1 46 62 23 32
gnicolas@sonnendi.fr

Monsieur Henri Darou
8, rue de l'Odéon
75006 Paris

Paris, le 25 février

JOUER

→ AB 3 (V); 8, 9 (C)

10. Lisez à haute voix l'échange de SMS entre Géraldine et son collègue Pierre. Écrivez un échange de mails correspondant entre Géraldine et le directeur de la société Sonnendi.

slt! Tufé koi apre la conf?
G1 pb. Fo konparl! Tu boa
1 kfé? rdv 6h au Balto.
OK?

Dzolé
Pe pa. G1 rdv.
j'tapLDkej'pe
PiR

Document

11. Lisez le texte. De quoi s'agit-il?

Première heure

Elle: Zut! Je suis en retard. C'est toujours comme ça quand on fixe un rendez-vous en bas[1] de chez soi. Mais je ne pouvais pas laisser ma fille en pleurs[2] au téléphone (...).

Ce bonhomme sous son parapluie, je suis sûre que c'est lui. Le pauvre! Je suis vraiment bourrique[3] de le faire attendre sous la pluie. Dieu que son chapeau est moche! Et cet imper minable[4], tout étriqué[5]! Je ne m'attendais pas à rencontrer Clint Eastwood, mais la réalité est tout de même cruelle.

Lui: Dix minutes de retard! Encore une qui ne dépare pas la collection[6]. Elle doit se pommader[7], se pomponner[8] pendant que j'attrape la mort sous le déluge[9]. Non mais, de quoi j'ai l'air[10]? À soixante-cinq ans, attendre une inconnue avec qui j'ai échangé trois lignes et un maigre coup de téléphone? Si Noémie voyait son grand-père comme ça, elle se moquerait de lui. Et elle aurait raison! Sauf que Noémie, je la vois le mercredi, mais qu'il y a tous les autres jours, qui sont bougrement[11] longs et que j'en ai marre de[12] vivre seul. Je ne regrette pas d'avoir passé cette annonce, mais elle me vaut bien des ridicules[13]. Dieu du ciel! Faites que cette furie en baskets[14] ne soit pas celle que j'attends.

– Bonjour, je suis Brigitte.

Lui: Aïe!

– Enchanté. Moi, c'est Albert.

Elle: Albert! Il ne me l'avait pas dit, ça. Albert! Ça ne nous rajeunit pas, ce nom-là.

Enfin, faut faire avec ce qu'on a. Quand même, ce coup de téléphone de Nanou tombait mal. Je me fais du souci pour elle.

– Pardonnez-moi. Je suis en retard. Un appel de ma fille, qui est au Canada.

– Vous êtes toute excusée. Si on allait se mettre au sec?

Lui: Mais qu'est-ce que c'est que ces façons de venir à un rendez-vous galant en caleçon[15] et baskets? C'est horrible, cette tenue. Je dois être un peu vieux schnock[16], mais j'aurais préféré des bas et des talons. J'ai toujours adoré les jambes. Quel âge peut-elle avoir? Elle est habillée exactement comme Noémie, sauf que son caleçon n'a pas de Nounours[17]. C'est grotesque.

– Il y a un café à l'angle de ma rue.

– Et un salon de thé que j'aime beaucoup à deux stations de bus. Ça vous embête[18] qu'on y aille?

Elle: Un salon de thé? Je vois ça d'ici. Bien sûr que ça m'embête de prendre le bus avec un inconnu passablement ordinaire, quand on pourrait torcher[19] ça en dix minutes au bistrot ...

1 unten; 2 in Tränen; 3 rücksichtslos; 4 schäbig; 5 zu eng; 6 *hier*: sie ist auch nicht anders ...; 7 *hier*: sich schminken; 8 se faire belle; 9 sintflutartiger Regen; 10 Wie sieht das denn aus?; 11 très; 12 en avoir assez de; 13 Sie bringt mich in eine peinliche Situation; 14 Turnschuhe; 15 *hier*: Leggings; 16 etwas altmodisch; 17 Teddybärchen; 18 stören; 19 *hier*: abwickeln

personnages	lieu	action
___	___	___

12. Quelle impression Brigitte et Albert ont-ils l'un de l'autre?

Brigitte trouve/pense que le chapeau d'Albert est moche.

13. Albert et Brigitte sont des personnes polies et bien élevées. Imaginez

- **les compliments qu'Albert pourrait faire à Brigitte sur sa façon de s'habiller.**
- **ce que Brigitte pourrait répondre à la question d'Albert: «Ça vous embête qu'on y aille?».**

14. À quatre, jouez la scène.

a. Imaginez la suite au salon de thé. Faites la différence entre paroles et pensées.

b. Jouez ensuite le scénario complet. Deux personnes jouent le dialogue et les deux autres se mettent derrière elles pour dire leurs pensées.

→ AB 10 (C); 11, 12 (AS)

Repères

KOMMUNIKATION

Sich über Nachrichten äußern

Ça ne va pas mieux.
Ça ne va pas s'améliorer.
Ils ont montré des images horribles.
Je suis moins optimiste que vous.
Vous n'exagérez pas un peu?
Ils l'ont dit à la radio.
J'ai vu/lu cette information dans *Le Monde*.
Il n'y a aucune victime, heureusement.

Einschränkungen machen

Bien que la conférence n'ait pas lieu avant deux mois, ...

Formelle Briefe schreiben

Madame/Monsieur,
J'ai le plaisir/le regret de ...
Je suis à votre entière disposition pour tout autre renseignement.
Je vous confirme ...
Je vous remercie de confirmer votre présence.
Veuillez agréer, Madame/Monsieur, mes salutations distinguées.

Einen Zweck/Eine Absicht ausdrücken

Je vous remercie de me confirmer votre venue pour que je puisse tout organiser.

1. Wie sagen Sie, dass

a. Sie etwas in den Fernsehnachrichten gesehen haben?
b. Sie die Bilder der Überschwemmungen schrecklich finden?
c. Sie für jede weitere Auskunft zur Verfügung stehen?
d. Sie dankbar wären, wenn man Ihnen die Teilnahme bestätigen würde?
e. die Konferenz am Samstag stattfindet, obwohl es nicht allen passt?
f. Sie eine baldige Antwort erwarten, damit alles organisiert werden kann?

GRAMMATIK

Die Steigerung der Adverbien

Der Komparativ und der Superlativ der Adverbien werden genauso gebildet wie der Komparativ und der Superlativ der Adjektive, indem man aussi, le/la/les plus oder le/la/les moins vor das Adverb setzt. Genauso wie beim Adjektiv ist das Vergleichswort que:

Le journal télévisé informe plus rapidement que la presse.
C'est la radio qui informe le plus rapidement.

Sonderform: bien → mieux

Ça ne va pas mieux!

Die Pluralendung der Nomen auf -al:

Wie die Adjektive, die auf -al enden (vgl. Perspectives 1, U8) bilden die meisten Nomen auf -al den Plural auf -aux:

un journal → des journaux

das Verb pouvoir im subjonctif:
que je puisse, que nous puissions

weitere Auslöser des subjonctif:
bien que
pour que

2. Ergänzen Sie die Sätze mit den passenden Formen des Verbs *pouvoir*.

1. Les autorités ont étudié un plan pour que le métro ___ fonctionner en cas d'inondation.
2. Répondez vite à mon mail pour que je ___ organiser la réunion.
3. Nous n'allons pas participer à la réunion bien que nous ___ venir.
4. J'aimerais que Patrice et Caroline ___ venir avec nous.
5. Il n'est pas bien informé bien qu'il ___ lire le journal tous les jours au travail.

3. Übersetzen Sie folgende Sätze.

1. Sie spricht schneller als ihr Chef.
2. Er arbeitet besser als sein Kollege.
3. Wir lesen Magazine nicht so regelmäßig wie die Zeitung.
4. Daniel fährt unvorsichtiger als sein Bruder.
5. Komm so schnell wie möglich!

LERNTIPPS

1. Schreiben Sie die Auslöser des *subjonctif* auf eine Karteikarte, die Sie im Laufe der Zeit ergänzen werden. Bis jetzt haben Sie gelernt:
   il faut que
   aimer que
   vouloir que
   bien que
   pour que

2. Sammeln Sie aus den *unités* 8, 10, 11 von *Perspectives 1* und aus dieser *unité* die Ausdrücke, die nützlich sind, um formelle und informelle Briefe zu schreiben. Vergessen Sie dabei nicht Datum, Anrede- und Schlussformeln!

RÉVISER ET S'AMUSER

In dieser Option lernen Sie eine Karikatur von Pétillon kennen. Zudem können Sie auf der Basis des französischen DELF-Tests (A2) Ihr aktuelles Sprachniveau überprüfen.

1. Regardez la caricature

a. Imaginez: – de quel genre de repas s'agit il?
– selon vous, de quoi peut-on parler dans cette situation?

b. À votre avis, qu'est-ce que le monsieur demande ou dit à la dame?
Rassemblez des propositions et comparez avec la solution **page 160.**

Pour vous préparer au DELF

Der Test für das DELF auf der Stufe A2 besteht aus 3 Teilen: Écrit 1 (Leseverstehen), Écrit 2 (Darlegung des eigenen Standpunktes) und Oral (Gespräch über ein vorgegebenes Thema). Der Schwerpunkt liegt auf dem schriftlichen Teil. Sie haben insgesamt ca. 110 Minuten Zeit.

1 ÉCRIT

Lisez le document suivant et répondez aux questions. Vous avez 30 minutes.

Déménager, oui, mais pour vivre où?

Les habitants d'un immeuble parisien vont devoir déménager, car leur immeuble est devenu trop vieux, et il va être détruit. Le service du logement de la ville de Paris a proposé de les aider à retrouver un nouvel appartement ou une nouvelle maison, à Paris, en banlieue ou à la campagne. Un journaliste de «Paris-Soir» vient leur demander la solution qu'ils préfèrent.

Anita Marcy, 2 enfants:
«Nous devons absolument rester dans le même quartier, car nous ne voulons pas que les enfants changent d'école. Ils ont leurs petits camarades, leurs habitudes ... et puis mon mari travaille à 10 minutes à pied, il rentre souvent tard le soir, alors pour nous, c'est important de rester tout près d'ici.»

Auguste Lefort, retraité:
«Oh moi, je suis vieux et je vis seul ... Puisqu'il faut partir, alors l'immeuble juste en face, ce serait bien.»

Fabrice Duval, architecte, 35 ans:
«Pour nous, c'est une chance extraordinaire! Depuis longtemps, ma femme parle de vivre à la campagne – elle a passé son enfance dans un petit village du centre de la France – et elle rêve d'une grande maison avec un jardin plein de fleurs, elle veut faire ses confitures avec les fruits de son jardin ... et moi, pour vous dire la vérité, j'en ai assez de Paris: trop de bruit, trop de monde ... et mon métier me permet de travailler où je veux, alors vive la campagne!»

Sophie Marcy, 12 ans, la fille aînée de Madame Marcy:
«Moi, je voudrais bien rester ici, mais ce n'est pas possible ...»

Juliette Dupuis, étudiante, 20 ans:
«Alors ça, c'est finalement une très bonne occasion pour moi d'habiter plus près de l'université: je suis étudiante à Nanterre, et tous les jours, j'ai une heure de métro pour aller à la fac, et encore une heure pour rentrer. Je n'ai jamais trouvé le temps de chercher une autre chambre, alors c'est super que la ville nous aide à trouver un nouveau logement! Pas loin de Nanterre, ce serait idéal, comme ça, je pourrais dormir plus longtemps le matin!»

Céline Dumoulin, 28 ans, artiste-peintre:
«Ça, c'est vraiment dommage d'être obligée de partir ... Mon atelier, sous les toits, est très calme et très clair ... Mais bon, si je trouve la même chose en banlieue, pourquoi pas. Mais attention! Pas trop loin, car les galeries, pour exposer mes peintures, c'est à Paris qu'elles se trouvent, alors impossible pour moi d'aller me perdre à la campagne!»

Frank Durant, professeur de musique, 39 ans:
«Hm ... Oui, je crois que mes deux chats aimeraient bien vivre à la campagne! Il y a des odeurs différentes, ils pourront chasser les souris et faire leur sieste au calme! Et moi, lorsque je jouerai du piano, je ne gênerai pas les voisins. Oui, vraiment, ce serait une bonne chose, et la campagne est si belle au printemps!»

Éric Kirsten, 27 ans, photographe:
«Ah non, ça ne me plaît pas de partir! Le loyer est très bon marché ici, et j'habite avec deux autres copains, c'est sympa. Et avec mon métier, je suis souvent absent, alors c'est bien de savoir qu'il y a du monde à la maison, en cas de problème. Ailleurs, ça coûte beaucoup plus cher même si on va en banlieue. Et quand on est photographe indépendant, on ne gagne pas la même chose tous les mois, il faut faire attention! Non, vraiment, je ne sais pas ce qu'on va faire.»

1. Qui est-ce qui aimerait rester dans le quartier? (4 personnes interrogées) 4 points

a. ___ **b.** ___
c. ___ **d.** ___

2. Retrouvez qui exprime les sentiments suivants et justifiez votre réponse. 4 points

Sentiment	Qui?	Justification
a. le regret:	___	___
b. la détermination:	___	___
c. le mécontentement:	___	___
d. l'enthousiasme:	___	___

3. Retrouvez qui exprime les points de vue suivants et justifiez votre réponse (plusieurs personnes possibles). 4 points

Qui?	Points de vue	Justification
___	est content/e de l'aide de la ville.	___
___	se réjouit à l'idée d'un prochain changement.	___
___	n'était pas satisfait de ses conditions de vie.	___

4. Quelles sont les personnes qui ont l'intention d'aller en banlieue? 1 point

5. **Vrai ou faux? Cochez la case correspondante. Lorsque la réponse ne se trouve pas dans le texte, cochez la case «?».** 3 points

	Vrai	Faux	?
Madame Duval vient de la campagne.			
Madame Duval préfère acheter des confitures.			
Fabrice Duval déteste la campagne.			
Céline Dumoulin regrette de devoir déménager.			
Céline Dumoulin veut habiter sous les toits à la campagne.			
Éric Kirsten habite seul.			

6. **Cochez la phrase correspondant au texte.** 2 points

Frank Durant a:
- ☐ deux souris et un chat.
- ☐ deux pianos et deux chats.
- ☐ deux chats et un piano.
- ☐ des voisins et une odeur.

7. **Pourquoi le prix du nouvel appartement est-il important pour Éric Kirsten?** 2 points

2 ÉCRIT

À la demande du journaliste de «Paris-Soir», vous lui adressez votre témoignage écrit sur la manière dont vous avez vécu votre départ de cet immeuble où vous habitiez depuis plus de 10 ans. Vous exprimez les sentiments contradictoires que vous ressentez depuis que vous avez déménagé et vivez dans un nouveau quartier. Écrivez un texte de120 à 150 mots. Vous avez 45 minutes.

3 ORAL INDIVIDUEL (UN SUJET AU CHOIX)

Lisez et choisissez un sujet parmi les thèmes proposés. Vous avez 20 minutes pour rassembler des arguments. Vous aurez ensuite un entretien de 10 minutes avec votre professeur. Vous lui présenterez vos idées et il / elle vous posera des questions.

1. Les téléphones portables empêchent la vraie communication.
2. Les voyages en groupe ne permettent pas de découvrir un pays.
3. Dans l'avenir, les jeunes devront parler au moins trois langues étrangères.
4. Les jeunes d'aujourd'hui sont plus heureux que leurs parents quand ils étaient jeunes.
5. Il y a trop de bruit et de gens dans les villes! Il vaut mieux habiter dans une banlieue.

UNITÉ 9

LA SANTÉ

Sie lernen Körperteile sowie Beschwerden zu benennen. Sie lernen Ratschläge zu geben und Hypothesen auszudrücken. Das Verb boire**, der Imperativ Singular und das** conditionnel **werden vorgestellt.**

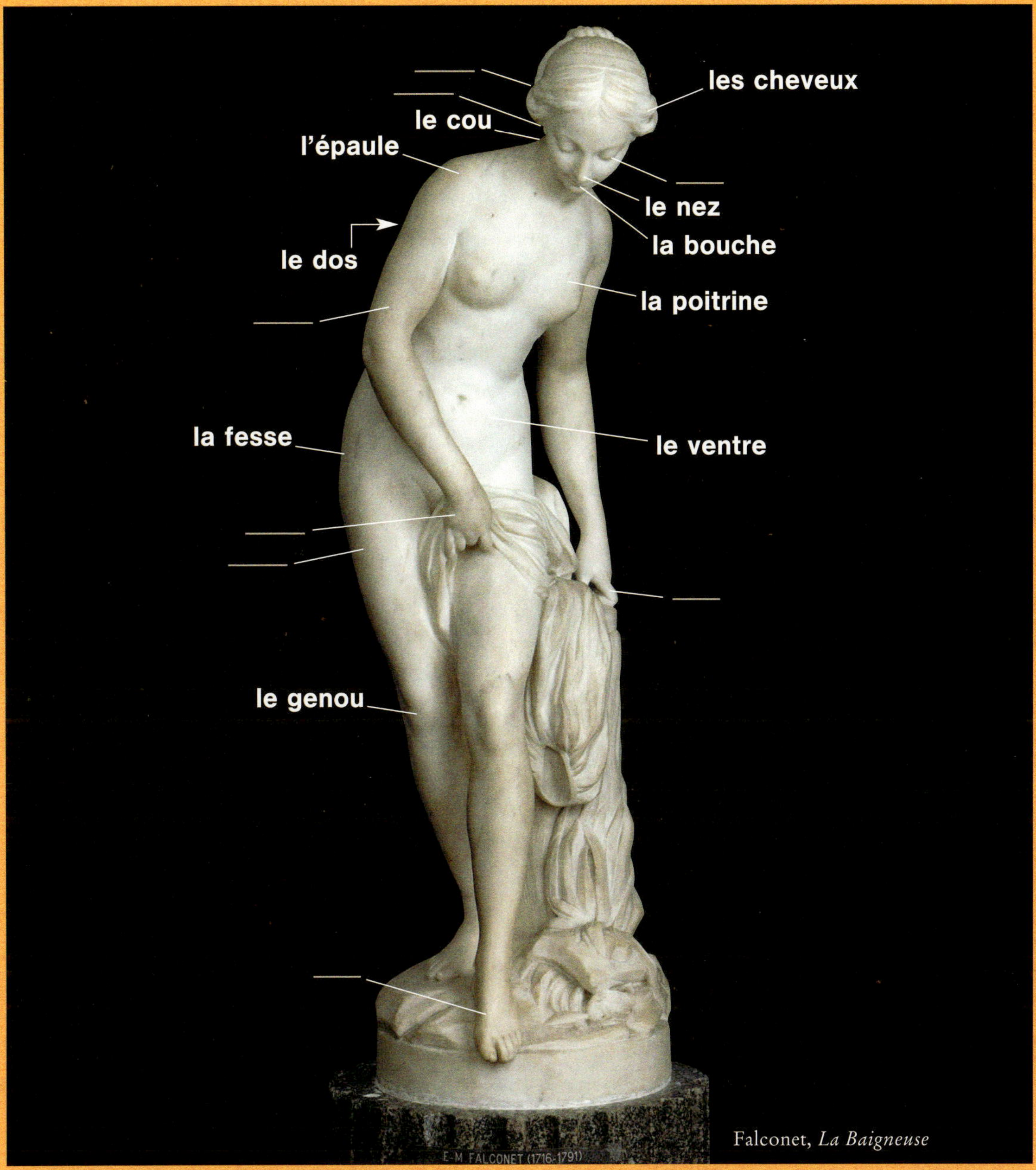

Falconet, *La Baigneuse*

1. **Écrivez les noms qui manquent.**

2. **À votre avis, est-ce que le modèle de cette sculpture avait les yeux bleus, verts, gris ou d'une autre couleur, les cheveux blonds, châtains, roux, bruns ou noirs?**

3. **Comment est pour vous l'homme idéal / la femme idéale? Décrivez-le / la.**
▲ Il/Elle est grand/e/mince/fort/e ... ■ Il/Elle a les yeux .../les cheveux ...

- Beschwerden benennen
- Ratschläge geben

J'ai mal là!

ÉCOUTER

1. Écoutez et cochez les bonnes réponses. →25

L'enfant a ☐ mauvaise mine/ ☐ mal à la tête/ ☐ mal au ventre/ ☐ mal à la gorge/ ☐ mal au cœur/ ☐ de la fièvre.

Sa mère lui donne ☐ du sirop/ ☐ un comprimé/ ☐ une tisane/ ☐ des gouttes.

Elle lui dit ☐ de jouer/ ☐ d'aller au lit/ ☐ de boire/ ☐ de lire.

2. Regardez les images: que dit la maman à son fils? Elle veut

qu'il boive la tisane. → *Bois la tisane!*
qu'il prenne sa température.
qu'il soit gentil.
qu'il avale le comprimé.
qu'il aille se coucher.
qu'il dorme.

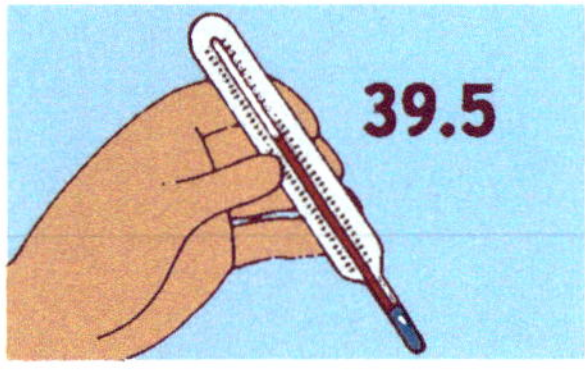

Der Imperativ Singular wird aus der 1. Person Singular Präsens ohne Subjektpronomen gebildet: écoute, tiens, prends.
Ausnahme: va
Unregelmäßige Formen: être → sois

DÉCOUVRIR

3. Réécoutez le dialogue. Comment est-ce que la mère dit à son fils de la regarder, de se coucher, de prendre le médicament? →25

S'ENTRAÎNER

Der Imperativ mit einem Ergänzungspronomen:
regarde-moi
prends-le/prends-en
repose-toi
⚠: vas-y

4. Transformez les phrases. Employez les verbes à l'impératif, avec un pronom si nécessaire.

Il faut que tu te lèves. → Lève-toi!
- Vous devez prendre ce médicament trois fois par jour.
- Il faut que tu avales les comprimés avec un verre d'eau.
- Tu vas vite à la pharmacie, s'il te plaît!
- S'il te plaît, tu es gentil, tu me prêtes ton CD de Bénabar?
- Tu éteins la télévision quand tu veux dormir.
- Il faut que tu prennes du sirop pour la gorge.
- Il faut absolument que vous téléphoniez au médecin.

→ AB 4 (G)

PARLER

5. Quels symptômes est-ce que ces personnes ont?

Il/Elle a la grippe/une gastroentérite/une insolation/la gueule de bois.

Il/Elle a mal au cœur. Il/Elle a de la fièvre.
Il/Elle a la diarrhée. Il/Elle ...

6. Valentine a arrêté de fumer, mais elle a très envie d'une cigarette. Pour ne pas craquer, elle appelle quelques copains: complétez leurs conseils en mettant les verbes au conditionnel.

CAROLINE: À ta place, je ___ (casser) tous mes cendriers!
THOMAS: Nicolas et toi, vous ___ (devoir) partir en week-end. Ça te ___ (changer) les idées!
SYLVIE: À ta place, j' ___ (aller) faire un peu de sport après le travail!
CÉCILIA: À ta place, je ___ (boire) un grand verre d'eau!
NICOLAS: Pourquoi est-ce que tu ne ___ (prendre) pas un bon bain pour te détendre?

INFO

En cas de maladie
Si vous allez chez le médecin en France, il vous demande de payer tout de suite, puis il vous donne une feuille de soins qui vous permet de vous faire rembourser par votre caisse de maladie. Une ordonnance du médecin est en général nécessaire pour acheter des médicaments à la pharmacie.

7. Donnez des conseils!

a. Quels conseils donneriez-vous à quelqu'un qui
- est fatigué?
- a mal aux dents?
- est enrhumé?
- a mal au dos?
- est constipé?

b. Écoutez les problèmes des autres participants et donnez des conseils.

Je suis tout le temps fatigué. – À ta place, je resterais au lit!
Mon chien est agressif. – Tu devrais le montrer au vétérinaire.
Ma voiture ne marche plus ...

Mit dem conditionnel können Sie neben höflichen Bitten (vous n'auriez pas ...?) auch Ratschläge formulieren.
Das conditionnel wird aus dem Infinitiv + Endungen des imparfait gebildet:
je resterais
tu resterais
il/elle/on resterait
nous resterions
vous resteriez
ils/elles resteraient
⚠ Bei den Verben , die auf -e enden, fällt das -e weg:
prendre: je prendrais
unregelmäßige Formen:
aller → j'irais
devoir → je devrais

→ AB 1, 2 (V); 5, 6 (G); 8 (C)

- Sagen, was man für sein Wohlbefinden tut
- Möglichkeiten / Hypothesen ausdrücken

Je me sens bien!

LIRE

8. **En quoi consiste la thalassothérapie? Notez les mots-clés.**

Bienvenue à la Thalasso, le monde du bien-être!
Goûtez les bienfaits de l'océan. Savez-vous que l'océan est un formidable réservoir d'énergie? L'eau de mer chauffée à 33° agit sur le corps et l'esprit comme une potion magique: elle détend, dynamise, sculpte. Les algues régénèrent, adoucissent, nourrissent. Les massages décontractent et apaisent. Et n'oubliez pas que le temps, qui fait toujours bien les choses, est aussi un élément fondamental de votre bien-être: nous vous conseillons une cure de 6 jours pour obtenir une relaxation optimale.

Directement reliée au centre, notre résidence vous accueille dans un cadre chaleureux et souriant. L'environnement naturel exceptionnel, le choix des activités, tout est fait pour faciliter votre détente et vous donner une grande liberté.

Carnac Thalassothérapie
Membre associé de Thalasso International
Avenue de l'Atlantique – B.P. 100 – 56341 Carnac Cedex – Tél.: 02 97 52 53 54

ÉCOUTER

9. **Écoutez le spot publicitaire. Quels mots-clés retrouvez-vous?** →26

TIPP

Bezeichnungen für abstrakte Begriffe auf -té sowie Bezeichnungen für Eigenschaften auf -eur sind feminin:
la facilité, la douceur

DÉCOUVRIR

10. **Formez des familles de mots: complétez le tableau.**

Verbe	Nom	Adjectif
se détendre	______	détendu/e
		libre
dynamiser	le dynamisme	______
______	la douceur	______
______	la nourriture	ø
relaxer		relaxant
______	le sourire	______
______	la facilité	______
ø	la chaleur	

PARLER

11. **Qu'est-ce que vous associez à l'expression «se sentir bien dans sa peau» et au mot «bien-être»?**

12. **Que faites-vous dans la vie quotidienne pour votre bien-être? Discutez avec votre voisin / e.**
- Je bois des tisanes.
- Je fais du sport.
- Le soir, je prends un bain relaxant.
- Je jeûne une fois par mois.
- ...

boire
je bois
tu bois
il / elle / on boit
nous buvons
vous buvez
ils / elles boivent
passé composé: j'ai bu

13. **À deux. Vous avez gagné un prix pour deux personnes: soit une semaine au centre de thalasso de Carnac, soit une semaine de tourisme à Paris. On vous propose différentes activités.**
A voudrait aller à Carnac et regarde l'encadré sur cette page.
B préférait aller à Paris et regarde l'encadré page 162.
Mettez-vous d'accord avec votre partenaire.

- faire des promenades le long de la côte sauvage
- visiter les alignements de Carnac
- faire du lèche-vitrines à Vannes
- acheter des souvenirs
- apprendre à jouer au tennis
- faire la sieste
- ...

● À Carnac, on ferait la sieste tous les jours.
▲ Oui, mais à Paris, on pourrait faire du lèche-vitrines sur les Champs Élysées!

Mit dem conditionnel kann man Wünsche, Hypothesen und Möglichkeiten ausdrücken: En thalasso, je serais détendu / e.

Die Verben avoir, être und faire haben im conditionnel einen unregelmäßigen Stamm: j'aurais, je serais, je ferais

→ www.

→ AB 3 (V); 7 (G); 9, 10 (C)

Document

14. **Voici un test paru dans un hebdomadaire français. En répondant aux questions, le lecteur peut prendre conscience de son niveau de stress et des causes de celui-ci: causes personnelles, professionnelles ou sociales. Faites vous aussi ce test, si vous voulez! Vous n'êtes absolument pas obligé/e d'en communiquer les résultats!**

Prenez votre temps, il est à vous!

Testez votre niveau de stress. Dix questions pour faire le point:

1. Pour vous, qu'est-ce que le stress?
- ☐ Ne pas avoir assez de temps.
- ☐ Ne pas pouvoir faire tout ce qu'on voudrait.
- ☐ Ne pas avoir assez à faire.

2. Concernant votre style de vie, avec quelle affirmation êtes-vous d'accord?
- ☐ Je ne me sèche jamais complètement les mains aux séchoirs électriques des toilettes publiques.
- ☐ J'ai tendance à intervenir dans le discours de mes interlocuteurs (interruptions, tendance à achever leurs phrases ...).
- ☐ Je suis incapable de retrouver le mode d'emploi de mon magnétoscope en moins de trois minutes.
- ☐ J'aimerais consacrer plus de temps à ma famille/mes amis.
- ☐ aucune des affirmations ci-dessus.

3. Concernant votre sommeil, avec quelle affirmation êtes-vous d'accord? (plusieurs réponses possibles):
- ☐ Je m'endors tout de suite et je dors d'un trait.
- ☐ Je me réveille plusieurs fois par nuit.
- ☐ J'ai des difficultés à trouver le sommeil, mais je finis par m'endormir.
- ☐ J'ai pris des somnifères au cours des douze derniers mois.
- ☐ Je me réveille souvent trop tôt.

4. Concernant votre vie professionnelle, avec quelle affirmation êtes-vous d'accord? (plusieurs réponses possibles)
- ☐ J'ai plus de quatre repas professionnels par semaine.
- ☐ Je dépends directement de plus d'un supérieur hiérarchique.
- ☐ Je consacre au moins un week-end par mois à mon travail.
- ☐ Mon trajet domicile-travail dure plus de trente minutes.
- ☐ aucune des affirmations ci-dessus.

5. Au cours des douze derniers mois, avez-vous (plusieurs réponses possibles)
- ☐ pris du poids sans raison précise?
- ☐ perdu du poids sans raison précise?
- ☐ eu une ou plusieurs maladies difficiles à diagnostiquer?

6. Avez-vous le sentiment que le temps passe trop vite pour faire ce que vous voulez?
- ☐ Non.
- ☐ Oui, et c'est très frustrant.
- ☐ Oui, mais ça ne me pose pas de problème.

7. Avec quelle affirmation êtes-vous d'accord?
- ☐ Je contrôle bien les événements qui touchent ma vie personnelle et professionnelle.
- ☐ Je prévois les événements qui touchent ma vie professionnelle et personnelle, mais je ne peux pas faire grand-chose pour en changer le cours.
- ☐ Je ne sais pas ce qui va m'arriver demain.

8. Un ami proche vous demande de l'aider à déménager, une perspective qui ne vous amuse pas. Vous lui répondez:
- ☐ Pas de problème, tu peux compter sur moi.
- ☐ Je serais venu avec plaisir, mais j'ai déjà réservé ma journée.
- ☐ Je serais venu avec plaisir, mais mon amie/ma femme a déjà réservé notre journée.
- ☐ Désolé, ne compte pas sur moi.

9. Quel médicament ou produit consommez-vous au moins une fois par semaine?
- ☐ médicament contre la douleur
- ☐ laxatifs
- ☐ médicament pour faciliter la digestion
- ☐ antiallergiques
- ☐ alcool fort
- ☐ sucre dans le café ou le thé
- ☐ pâtisserie
- ☐ repas fast-food
- ☐ un demi-paquet de cigarettes
- ☐ 10 tasses de café ou de thé
- ☐ sucreries, barres chocolatées, crèmes glacées

10. Votre comportement sexuel a-t-il changé au cours des 12 derniers mois?
- ☐ Non.
- ☐ Oui, ma libido a diminué.
- ☐ Oui, ma libido a augmenté.

D'après le journalsante.com

→ AB 11 (C); 12, 13 (AS)

Repères

KOMMUNIKATION

Über das Befinden sprechen
Tu n'as pas bonne mine./Tu as mauvaise mine.
Tu as mal quelque part?/Tu as mal où?
J'ai de la fièvre.
J'ai mal à la tête./au ventre./aux dents.
Je me sens bien./mal (dans ma peau).
Je suis enrhumé/e./Je suis constipé/e.
J'ai la diarrhée.
Je suis détendu/e./décontracté/e./stressé/e.
J'ai retrouvé mon tonus./mon énergie.

Befehle geben
Retourne au lit!
Couche-toi!/Lève-toi!/Couchez-vous!/Levez-vous!
Prends ce médicament/ce comprimé/du sirop.
Sois gentil.

Ratschläge geben
Tu devrais essayer de dormir.
Vous devriez boire une tisane.
À ta place, j'irais chez le médecin.
Nous vous conseillons une cure de six jours.

Hypothesen / Möglichkeiten ausdrücken
Que diriez-vous d'une semaine de détente?
Vous auriez du temps pour vous.
Votre centre d'intérêt serait ...
Que feriez-vous pendant votre temps libre?

1. **Wie sagen Sie, dass** **a.** Sie sich nicht wohl fühlen?
b. Sie Fieber und Kopfschmerzen haben? **c.** Sie entspannt und erholt sind?

2. **Wie sagen Sie jemandem, dass er / sie**
a. sich beeilen soll? **b.** Sie anschauen soll?

3. **Wie raten Sie jemandem**
a. zum Arzt zu gehen? **b.** eine Tablette zu nehmen und ins Bett zu gehen?

GRAMMATIK

Das Verb boire
je bois
tu bois
il/elle/on boit
nous buvons
vous buvez
ils/elles boivent
Passé composé: j'ai bu
Subjonctif: que je boive, que nous buvions

Der Imperativ Singular
Der Imperativ Singular wird aus der 1. Person Singular Präsens ohne Subjektpronomen gebildet:
Écoute!/Prends!/ **Ausnahme:** Va au lit!
Unregelmäßige Formen: être → sois!

Der Imperativ mit einem Ergänzungspronomen:
Das Ergänzungspronomen steht nach dem Verb und wird durch einen Bindestrich mit diesem verbunden:
Avale-le/la/les!
Prends-en!
Regarde-moi!
Lève-toi!
⚠ Vas-y!

Das conditionnel

Die Bildung des conditionnel

Das conditionnel wird aus dem Infinitiv und den Endungen des imparfait gebildet.
Die Endungen sind im conditionnel bei allen Verben regelmäßig.
Bei den Verben, die auf -e enden, fällt beim Stamm des conditionnel das -e weg:

Regarder	Prendre
je regarderais	je prendrais
tu regarderais	tu prendrais
il/elle/on regarderait	il/elle/on prendrait
nous regarderions	nous prendrions
vous regarderiez	vous prendriez
ils/elles regarderaient	ils/elles prendraient

Verben mit einem unregelmäßigen Stamm:

aller	→ j'irais	faire	→ je ferais
avoir	→ j'aurais	il faut	→ il faudrait
devoir	→ je devrais	pouvoir	→ je pourrais
être	→ je serais	vouloir	→ je voudrais

Der Gebrauch des conditionnel

Das conditionnel gebraucht man als Höflichkeitsform (siehe *unité* 2),

- **um einen Ratschlag zu geben:** Tu devrais aller chez le médecin.
  À ta place, je prendrais un médicament.
- **um Wünsche, Hypothesen und Möglichkeit auszudrücken:** À Carnac, je ferais une cure de thalasso, je me reposerais, je me détendrais, ...

4. Beantworten Sie die Fragen. Verwenden Sie dabei eine Imperativform mit Ergänzungspronomen:

1. ▲ Je prends du sirop? ● Oui, ____ /● Non, ____
2. ▲ Je vais au marché? ● Oui, ____ /● Non, ____
3. ▲ J'achète le journal? ● Oui, ____ /● Non, ____
4. ▲ Je t'attends devant la mairie? ● Oui, ____ /● Non, ____

5. Verwandeln Sie die Befehle in Ratschläge. Beginnen Sie den Satz mit *À ta place ...*

1. Pars en vacances!
2. Repose-toi!
3. Faites une cure de thalasso!
4. Allez en Bretagne!
5. Sois gentil avec ta cousine!

UNITÉ 10

AU CŒUR DE L'EUROPE

Sie lernen Merkmale einer Region, l'Alsace, zu beschreiben. Ortspräpositionen, das futur simple und weitere Auslöser für den subjonctif werden vorgestellt.

Le pont de l'Europe sur le Rhin

1. **Regardez et décrivez la photo.**
   D'un côté/De l'autre côté, on voit/il y a ...

2. **D'après vous, qu'est-ce qui unit et qu'est-ce qui sépare Français et Allemands?**

ce qui nous unit	ce qui nous sépare
——	——

le chômage
les clichés
la culture
l'Europe
la fierté nationale
la langue
la politique

3. **Écoutez les témoignages. Que pensent ces cinq personnes?** →27

- Schätzungen vornehmen
- Eine Region beschreiben

Découvrir l'Alsace

JOUER

1. Qu'associez-vous à l'Alsace (paysage, gastronomie, culture ...)?

2. En groupes, faites le quiz.

Combien d'habitants est-ce qu'il y a en Alsace?
☐ 750 000 ☐ 1 750 000 ☐ 2 750 000

Quelle est la taille de l'Alsace comparée à la Sarre?
☐ plus grande ☐ aussi grande ☐ moins grande

Quel est le pourcentage de personnes parlant le haut-allemand en Alsace?
☐ 32 % ☐ 52 % ☐ 82 %

Quel est le pourcentage de parents nés en Alsace parlant le dialecte avec leurs enfants?
☐ 18 % ☐ 48 % ☐ 78 %

Combien de personnes habitent en Alsace mais travaillent en Allemagne ou en Suisse?
☐ 3 000 ☐ 63 000 ☐ 227 000

Quelles sont les trois plus grandes villes d'Alsace?
☐ Altkirch ☐ Colmar ☐ Guebwiller ☐ Haguenau
☐ Mulhouse ☐ Sélestat ☐ Strasbourg ☐ Wissembourg

Combien de fois une personne née en 1860 et morte en 1948 a-t-elle changé de nationalité?
☐ 2 fois ☐ 3 fois ☐ 4 fois

Quelles institutions ont leur siège à Strasbourg?
☐ la Commission européenne
☐ le Parlement européen
☐ l'OTAN
☐ la Cour européenne des Droits de l'homme
☐ le Conseil de l'Europe
☐ la Banque centrale européenne

Quel est le pourcentage de la population travaillant dans l'agriculture?
☐ 2,7 % ☐ 6,9 % ☐ 13,2 %

Verben der Meinungsäußerung lösen in der verneinten Form den subjonctif aus:
Je ne pense pas / Je ne crois pas que l'Alsace soit une région pauvre.
Je ne suis pas sûr/e que l'Alsace ait plus de deux millions d'habitants.

3. Formulez vos réponses et comparez-les avec celles des autres groupes.

- Nous pensons/croyons que les jeunes sont bilingues.
- Nous, par contre, nous ne pensons pas/ne croyons pas que les jeunes soient bilingues.

LIRE

4. Lisez et vérifiez vos réponses au quiz.

Alsace, région de l'est de la France, sur le Rhin, formée des départements du Bas-Rhin et du Haut-Rhin (8 280 km^2; 1 734 100 habitants). Les trois plus grandes villes sont Strasbourg (256 000 habitants), Mulhouse (110 000 habitants) et Colmar (65 000 habitants).
Histoire: Au Moyen-Âge, l'Alsace est le centre de la civilisation rhénane; c'est à Strasbourg que Gutenberg met au point l'imprimerie en 1434. Le XVIe siècle est plus troublé: guerre des paysans, introduction de la Réforme à Strasbourg.
En 1648, au traité de Westphalie, une partie de l'Alsace devient française. En 1681, la France prend possession de toute l'Alsace.
En 1871, elle est intégrée, avec une partie de la Lorraine, à l'Empire allemand. Elle est à nouveau française en 1919. En 1940, les troupes allemandes occupent l'Alsace, qui redevient allemande. En 1944, les troupes françaises libèrent l'Alsace, qui est à nouveau rattachée à la France. Strasbourg devient le siège du Conseil de l'Europe en 1949, puis de la Cour européenne des Droits de l'homme et du Parlement européen.
Langues: La langue officielle, parlée et écrite par tous les Alsaciens est le français. Le haut-allemand, parlé par 900 000 personnes (52 %), a en Alsace le statut de langue régionale et est enseigné dans les écoles. Le dialecte alsacien est certes parlé par 62 % de la population, mais 21 % ne le comprennent pas. Les jeunes semblent l'utiliser de moins en moins, car seulement 18 % des parents le parlent avec leurs enfants.
Économie: Parmi la population active, 60 % des personnes travaillent dans le secteur tertiaire, 30 % dans l'industrie et seulement 2,7 % dans l'agriculture. Les branches les plus importantes sont l'industrie automobile (Peugeot, Mercedes, Opel), l'agroalimentaire – 60 % de la bière fabriquée en France –, le textile (traditionnellement dans les Vosges et à Mulhouse) et les industries électriques et électroniques spécialisées notamment dans les télécommunications.
63 000 personnes traversent chaque jour la frontière pour aller travailler en Allemagne ou en Suisse.

D'après le Petit Larousse

S'ENTRAÎNER

5. Complétez le texte avec *à*, *aux*, *dans le*, *en* ou *sur*.

La chaîne de télévision franco-allemande ARTE s'est installée dès sa création, en 1991, ___ Strasbourg ___ Bas-Rhin. Née d'un partenariat entre la France et l'Allemagne, la chaîne a également de nombreux partenaires ___ Europe: ___ Belgique, ___ Suisse, ___ Espagne, ___ Pologne, ___ Autriche, ___ Finlande, ___ Pays-Bas, ___ Grande-Bretagne et ___ Suède. Les programmes du pôle allemand d'Arte sont sélectionnés parmi les programmes de l'ARD et de la ZDF, dont le siège se trouve ___ Mayence, ___ le Rhin.

Ortspräpositionen:
- bei Bezeichnungen von Ländern und Regionen, die feminin sind oder mit einem Vokal beginnen, wird die Präposition **en** verwendet: **en France, en Alsace**
- vor maskulinen Ländernamen die mit einem Konsonanten beginnen, **au**: **au Luxembourg**
- vor Ländernamen, die im Plural stehen, **aux**: **aux États-Unis**
- bei Städtenamen **à**: **à Strasbourg**
- bei Namen von Flüssen **sur**: **sur le Rhin**

⚠ Départements stehen im Allgemeinen mit der Präposition **dans**: **dans les Vosges**

ÉCRIRE

6. En groupes, rassemblez des informations sur votre région et écrivez un petit texte pour la présenter (nombre d'habitants, villes, histoire, langue / s, économie).

→ www.

→ AB 1,2 (V); 5, 6 (G); 10 (C)

- Einen Gesprächspartner beschwichtigen
- Über die Zukunft sprechen

À grande vitesse

ÉCOUTER

7. Regardez la carte. Que pouvez-vous dire des connexions entre la France et l'Allemagne, par la route et par le train?

8. Écoutez et dites pourquoi le pont de Kehl pose problème. →28

De chaque côté du Rhin, la France et l'Allemagne ont développé leurs réseaux routiers et ferroviaires, mais les connexions entre les deux pays ne sont pas encore suffisantes. Dans le train entre Paris et Munich, Monsieur Anselme, en voyage professionnel, s'impatiente et demande des renseignements au contrôleur.

- Monsieur, s'il vous plaît! Pourquoi le train s'est-il encore arrêté? À cette allure-là, on n'arrivera jamais! On a déjà quarante minutes de retard!
- Désolé, Monsieur, nous avons pris du retard à cause des travaux et maintenant nous devons attendre pour traverser le pont de Kehl. Nous repartirons dès que la voie sera libre ... Excusez-moi.

- C'est vraiment une honte, on ne nous tient même pas au courant. La prochaine fois, je prendrai l'avion!
- Vous avez raison, c'est énervant d'être toujours en retard. Enfin, si vous prenez l'avion, ça ne changera pas grand-chose! Et puis, vous savez, dans quelques années, avec le raccord des lignes à grande vitesse, on pourra faire Paris-Munich en 5 heures 30, en TGV ou en ICE.
- À mon avis, dans quelques années, les trains auront toujours autant de retard!
- Mais non, je suis sûr que ça s'arrangera quand les travaux seront terminés. Par contre, c'est vrai qu'il faudra toujours attendre pour passer le pont et les trains continueront à rouler à 50 sur quelques kilomètres. Mais un jour ou l'autre, ils doubleront le pont de Kehl. Quand ils auront à nouveau de l'argent!
- Oui. Quand les poules auront des dents!

INFO

L'eurorégion du Rhin supérieur.
Les régions frontalières de plusieurs pays s'unissent souvent pour former une eurorégion. Ainsi, l'eurorégion du Rhin supérieur avec l'Alsace, une partie de la Rhénanie-Palatinat et du Bade-Wurtemberg et deux cantons suisses. La «Conférence du Rhin supérieur» discute deux fois par an des problèmes d'économie, des transports, de l'environnement, de l'aménagement, de la culture, de la formation, de la santé et de la jeunesse. Un secrétariat financé par l'Union européenne garantit une collaboration étroite et efficace.

9. **Lisez le dialogue et relevez les expressions employées pour exprimer**
  a. **qu'on est impatient et mécontent.**
  b. **qu'on veut apaiser son interlocuteur.**

DÉCOUVRIR

10. **a.** **Trouvez dans le texte les verbes qui expriment une action ou un état futur.**
  b. **À quelles autres formes ressemblent-elles? Complétez la règle de la marge.**

Das futur simple wird immer mit dem Stamm des ___ und den Endungen des futur gebildet. Es gibt keine Ausnahmen.

S'ENTRAÎNER

11. **Joséphine fait des projets. Faites des phrases au futur.**

Quand le TGV fonctionnera entre Paris et Munich,

je/j' nous nos enfants je/j' nos amis de Nancy Patrick	passer faire prendre travailler aller venir	un abonnement à l'opéra de Karlsruhe. de temps en temps une journée à Paris. souvent chez nous. leurs études en France et en Allemagne. peut-être dans le pays de Bade. régulièrement au musée de Stuttgart.

partir

futur
je partirai
tu partiras
il/elle/on partira
nous partirons
vous partirez
ils/elles partiront

***conditionnel*:**
je partirais

PARLER

Der Stamm des conditionnel und des futur von venir lautet viendr-

12. **Qu'est-ce qui, à votre avis, changera en Europe dans les années à venir?**

Moi, je crois que rien ne changera.

Je ne pense pas que les mentalités changent.

Je pense qu'il n'y aura plus de frontières entre les pays.

À mon avis, tout le monde parlera anglais.

→ AB 3, 4 (V); 7, 8, 9 G; 11 (C)

Document

13. Parmi les projets proposés par les documents 2 à 5, lequel vous intéresserait si vous habitiez dans cette région? À deux, mettez-vous d'accord pour participer ensemble à un projet.

1

2

3

4

Parc Rhénan PAMINA

Ce projet tend à valoriser le patrimoine du Rhin Supérieur, avec tous ses facteurs écologiques, historiques et culturels. Installations de musées à thèmes précis qui sont reliés par des pistes cyclables, jalonnées de points d'information et d'observation qui font office de liens.

Coopération transfrontalière des Universités Populaires

Ce projet a pour but de proposer une programmation commune de cours transfrontaliers sur l'ensemble de l'espace PAMINA autour de thèmes génériques, à savoir: l'apprentissage et l'approfondissement des langues, la culture, l'environnement et la protection de la nature, l'économie et la politique.

5

RENCONTRES DU RHIN SUPERIEUR
BEGEGNUNGEN AM OBERRHEIN

Projekt / Projet

Parents et enfants: des rencontres linguistiques transfrontalières

Objectifs du projet

- rapprocher les familles par l'intermédiaire des enfants
- susciter l'envie d'apprendre la langue de l'autre
- faciliter par des contacts humains et des loisirs cet apprentissage linguistique

14. Lisez le document 1. Imaginez que vous habitez l'eurorégion du Rhin supérieur. En groupes, rassemblez des idées pour un projet dans l'un des domaines proposés: sport, culture, écologie, loisirs, travail, etc. Justifiez votre choix.

→ AB 12, 13 (AS)

Repères

KOMMUNIKATION

Über die Zukunft sprechen
Dans quelques années, il y aura ...
Les trains continueront à rouler à 50 km/h sur le pont de Kehl.

Ärger ausdrücken
À cette allure-là, on n'arrivera jamais!
C'est une honte!
On ne nous tient même pas au courant.
Les trains auront toujours du retard.
Quand les poules auront des dents!

Jemanden beschwichtigen
Désolé/e, Monsieur, ...
Vous avez raison.
Mais non, je suis sûr/e que tout s'arrangera.

Seine Meinung ausdrücken
Je pense que c'est un cliché.
Je ne pense pas que les jeunes soient bilingues.
Je crois que nous vivons comme tout le monde.
Je ne crois pas qu'il comprenne l'allemand.
Je ne suis pas sûr/e qu'il s'agisse d'un cliché.

Sich zu den deutsch-französischen Beziehungen äußern
Je pense que l'idée de construire l'Europe nous unit.
Je crois que les rivalités/les clichés/la langue nous séparent.
Les problèmes viennent des capitales.
Nos problèmes nous rapprochent peut-être.
Je ne crois pas que la vie soit différente en France et en Allemagne.

1. Was sagen Sie in folgenden Situationen?

a. Sie glauben, dass Deutsche und Franzosen die gleichen Probleme haben.
b. Sie bezweifeln, dass das Leben jenseits des Rheins anders ist.
c. Sie glauben nicht, dass Europa die Lösung der Probleme sein wird.
d. Sie finden es unerhört, dass Sie nicht informiert werden.
e. Sie bestätigen jemandem, dass er/sie Recht hat.

GRAMMATIK

Die Ortspräpositionen
Die Ortspräpositionen im Zusammenhang mit Städten, Ländern und Regionen werden folgendermaßen verwendet:
à vor Städtenamen: à Colmar, à Mulhouse
en vor Ländernamen und Bezeichnungen von Regionen, die feminin sind oder mit einem Vokal beginnen: en France, en Afrique, en Alsace
au vor maskulinen Ländernamen, die mit einem Konsonanten beginnen: au Luxembourg, au Portugal
aux vor Ländernamen, die im Plural stehen: aux Pays-Bas, aux États-Unis
sur bei Namen von Flüssen: sur le Rhin

⚠ **bei Départements wird im Allgemeinen die Präposition dans + Artikel verwendet:**
dans le Bas-Rhin, dans les Vosges

Weitere Auslöser des subjonctif:

Verben der Meinungsäußerung in der verneinten Form lösen den subjonctif aus:

Je ne crois pas qu'il soit malade.
Je ne pense pas qu'elle ait raison.
Nous ne sommes pas sûrs que ce projet soit intéressant.
⚠ Je crois qu'il est malade.
Je pense qu'elle a raison.
Nous sommes sûrs que ce projet est intéressant.

Das futur simple

Das futur simple wird aus dem Stamm des conditionnel und den Endungen -ai, -as, -a, -ons, -ez, -ont gebildet. Es gibt keine Ausnahmen.

continuer:	aller	→	j'irai
je continuerai	avoir	→	j'aurai
tu continueras	être	→	je serai
il/elle/on continuera	faire	→	je ferai
nous continuerons	il faut	→	il faudra
vous continuerez	devoir	→	je devrai
ils/elles continueront	venir	→	je viendrai

Das futur simple wird sowohl in der geschriebenen als auch in der gesprochenen Sprache verwendet. Im gesprochenen Französisch tendiert man jedoch dazu, das futur simple durch das futur composé zu ersetzen.

2. Ergänzen Sie die Tabelle.

Präsens	conditionnel	futur
je réfléchis	___	___
tu es	___	___
il a	___	___
nous allons	___	___
vous voulez	___	___
elles peuvent	___	___

3. Ergänzen Sie den Text mit den richtigen Präpositionen.

Nous habitons ___ Brisach, ___ Allemagne. Nous travaillons ___ France, ___ Strasbourg, pour le Conseil de l'Europe. L'été prochain, nous passerons nos vacances ___ États-Unis. À l'automne, nous ferons un voyage en bateau ___ le Rhin, ce sera formidable! L'hiver prochain, nous irons ___ les Hautes-Alpes pour faire du ski.

LERNTIPPS

Lernen Sie das *futur simple* und das *conditionnel* zusammen: der Stamm ist immer identisch. Die Endungen des *conditionnel* sind diejenigen des *imparfait*. Die Endungen des *futur* entsprechen dem Präsens des Verbs *avoir*: *-ai*, *-as*, *-a*, *(av)-ons*, *(av)-ez*, *-ont*.

UNITÉ 11

VIVRE ENSEMBLE

Sie lernen über Beziehungen zwischen Nachbarn zu sprechen und unterschiedliche Standpunkte zu vertreten. Der reale Bedingungssatz, verschiedene Verneinungsformen sowie tout, tous werden vorgestellt.

a

b

c

d

e

→29

1. Écoutez. Reliez les textes aux images.

Texte 1	a
Texte 2	b
Texte 3	c
Texte 4	d
Texte 5	e

2. Aimeriez-vous passer vos vacances sur ce terrain de camping? Expliquez pourquoi.

- Vorschläge machen
- Bedingungen formulieren
- Sich beschweren

Nos voisins et nous

LIRE

1. Lisez les messages et classez-les selon qu'ils concernent les relations de voisinage ou tous les habitants de l'immeuble.

a

Chers voisins,
J'aime, moi aussi, les grillades, mais les barbecues sur le balcon, ce n'est pas l'idéal! La fumée monte chez moi et l'odeur de poisson ou de mouton envahit mon séjour. C'est vraiment très désagréable. Savez-vous qu'il existe des grils de table à 40 ou 50 euros? Vos voisins des étages supérieurs vous en seraient infiniment reconnaissants!
Anne Marchand

b

Les locataires sont priés de ne pas laisser leurs voitures d'enfant, poussettes et vélos dans le hall de l'immeuble. Une cave est prévue à cet usage.
Le gardien

c

Madame,
Pourriez-vous avoir l'obligeance de respecter le repos de vos voisins et de ne plus jouer du saxophone après 20 heures?
Merci
Bernard Lagoulet

d

Madame,
Si ce sont vos enfants qui s'amusent à bloquer l'ascenseur au quatrième étage, ce serait gentil de leur expliquer qu'un ascenseur n'est pas un jouet et qu'il est extrêmement fatigant pour les personnes âgées d'avoir à monter quatre étages à pied.
Nous vous remercions d'avance.
Henri et Huguette Mériaux

e

Mesdames, Messieurs,
Nous avons demandé à la société Sécuritas de changer le code d'entrée après la fin des travaux.
Nous vous communiquerons personnellement le nouveau code.
Sincères salutations,
Le gérant

f

Monsieur,
Vous avez un chien, c'est votre droit. Par contre, il est inadmissible que cet animal circule seul dans l'escalier et dans la cour de l'immeuble. Mes enfants ont peur de sortir seuls de l'appartement. De plus, la cour n'est pas un WC pour chiens! Si cela ne cesse pas, je porterai plainte auprès du gérant de l'immeuble.
Didier Pétard

g

Félicitations et longue vie de bonheur au petit Frédéric!
Anne et Pierre

h

Bonjour à tous,
Douze familles dans un immeuble, ce n'est pas toujours facile!
Je vous propose de prendre un verre ensemble dans la cour le vendredi 17 à 19 heures pour que nous discutions calmement de nos problèmes de cohabitation. Je suis sûr que si chacun fait un effort, nous arriverons à vivre en bonne harmonie.
Bonne journée
Samuel Lopez

2. Quel est le ton des messages? Lesquels sont aimables?

3. Relisez les messages et relevez les mots et expressions qui expriment
le mécontentement | une demande | une condition

S'ENTRAÎNER

4. Terminez les phrases exprimant une condition.
1. Anne Marchand pourra laisser sa fenêtre ouverte si ses voisins ...
2. Bernard Lagoulet fera un grand sourire à sa voisine si elle ...
3. M. et Mme Mériaux seront furieux si les enfants ...
4. Si on change le code d'entrée, le gérant ...
5. Si le chien continue à circuler dans l'escalier, Didier Pétard ...
6. Si chacun fait un effort, tous les locataires ...

Der Bedingungssatz wird mit si eingeleitet. Wenn die Bedingung erfüllbar ist, gilt folgende Zeitenfolge:
Nebensatz: Si + Präsens
Hauptsatz: Futur oder Präsens

Futur im Hauptsatz heißt: die Bedingung kann sich später erfüllen.
Präsens im Hauptsatz: die Bedingung ist zeitlos.

5. Que ferez-vous si ...? Répondez aux questions.
1. Que ferez-vous si votre voiture est encore en panne demain matin?
2. Qu'est-ce que votre groupe fera si votre professeur de français est malade la semaine prochaine?
3. Qu'est-ce que vous ferez si votre patron vous offre un bouquet de fleurs?
4. Qu'est-ce que vous répondrez si on vous invite à aller au cinéma ce soir?
5. Que ferez-vous si vous passez vos vacances en France?

ÉCRIRE

6. Discutez avec vos voisins.
Qu'est-ce qui vous gêne dans votre immeuble/quartier?
Qu'est-ce que vous faites qui dérange vos voisins?
Mes voisins font souvent la fête. Ils mettent la musique très fort.
J'habite à côté des pompiers et on entend la sirène toute la journée.

7. En petits groupes, ajoutez un message sur le tableau d'affichage: soit une réclamation supplémentaire, soit une réponse à l'un des messages.

→ AB 1, 2 (V); 5 (G); 9 (C)

- verschiedene Standpunkte vertreten

Les animaux et nous

ÉCOUTER

8. Écoutez l'émission de la radio locale «Radio Belleville» et répondez aux questions. →30
Quel est le sujet de cette émission?
Combien de personnes participent au débat? De qui s'agit-il?

9. Réécoutez l'émission et corrigez les affirmations si nécessaire. →30
1. Hélène vit avec toute sa famille.
2. Hélène parle tout le temps à son chien.
3. Hélène promène son chien tous les soirs.
4. Estelle de Fromonceau aime tous les animaux.
5. Pour Estelle, un chien tenu en laisse est malheureux.
6. Tout le monde proteste contre la saleté des rues.
7. Tous les propriétaires de chiens paient un impôt.
8. À son avis, toutes les personnes qui ont un chien sont solitaires.

INFO
Parmi les ménages qui ont un animal,
28 % ont au moins un chien,
26 % ont au moins un chat,
10 % ont au moins un poisson,
6 % ont au moins un oiseau,
5 % ont au moins un rongeur.
Quelle: Francoscopie 2001

PARLER

10. Imaginez la suite de la discussion entre Hélène et Estelle et jouez la scène.

Je suis pour .../Je suis (tout à fait) contre ...
Moi, je suis d'avis que .../Pensez à ...
Excusez-moi de vous interrompre, ...
Vous savez sans doute que ...
Il ne faut pas exagérer .../Ça, c'est bien vrai!
Permettez-moi d'intervenir ...
Je pense que vous généralisez un peu vite ...

11. Avez-vous ou aimeriez-vous avoir un animal domestique? Expliquez vos raisons. Si vous n'avez pas d'animal ou ne voulez pas en avoir, expliquez pourquoi.

→ AB 8 (C)

S'ENTRAÎNER

12. Dites le contraire des phrases ci-dessous.
1. Milou dort encore.
2. Napoléon obéit à tout le monde.
3. Billy demande quelque chose.
4. Il demande toujours quelque chose.
5. Ramina aime les légumes et la soupe.
6. Tout le monde est là.
7. Il a beaucoup d'amis.
8. À table, tout le monde mange beaucoup.

▲ Médor aboie tout le temps. ≠ ● Médor n'aboie jamais.

Die Verneinung
- ne ... pas
- ne ... plus
- ne ... jamais
- ne ... rien
- ne ... que
- ne ... personne
- ne ... ni ... ni

⚠ ne ... aucun/e + Nomen
Personne ne ...
Rien ne ...

13. Complétez les phrases par *tout*, *toute*, *tous* ou *toutes*.
1. Hélène promène Médor ___ les jours.
2. ___ les copines de Fabrice ont des animaux.
3. Les hamsters ne circulent pas dans ___ l'appartement.
4. Hélène parle à son chien ___ la journée.
5. Le chat a bu ___ l'eau.
6. Les rues sont nettoyées ___ les semaines.

14. Qu'est-ce que vous faites tous les jours, toutes les semaines ...?
Je me lève tous les matins à 7 heures.

Das Adjektiv tout, toute, tous, toutes steht vor dem Begleiter:
Tout le monde est arrivé.
Tous ses amis sont venus.
Nous avons ri toute la soirée.
J'adore toutes ces sucreries.
Im Singular bedeutet tout/toute ganz,
Im Plural bedeutet tous/toutes alle, jede/r/s.

JOUER

15. À deux. A est une de ces trois personnes et demande à B de garder son animal domestique. B pose des questions sur l'animal (caractère, alimentation, mode de vie, etc.). Discutez, puis changez de rôle. B regarde page 162.

→ AB 3 (V); 6, 7 (G)

Document

16. Lisez le texte. Quelle différence y a-t-il entre un zoo et un parc naturel?

«Boutissaint», un parc naturel unique

Ne parlez pas de zoo à Pierre-Elie Borione! Situé à seulement deux heures de Paris, au cœur de la Puisaye (Yonne), son parc naturel de Boutissaint est, à ses yeux, le contraire d'un zoo.
«Sur 400 hectares de forêt, le parc renferme 400 grands animaux sauvages, ce qui est unique en France. Les visiteurs ont la chance de découvrir des cerfs, des biches, des daims ou des sangliers dans leur milieu naturel», raconte Pierre-Elie Borione.
Pour cet amoureux de la nature, l'aventure de Boutissaint commence en 1968: «En me promenant dans la forêt, je croisais souvent des cerfs et des biches. Un jour, j'ai rencontré une famille en promenade qui était très émue après avoir aperçu un cerf qui traversait la route. La mère des enfants n'en croyait pas ses yeux, elle pensait que ces animaux avaient disparu. Cette image m'a marqué et j'ai donc voulu donner la chance au grand public de découvrir les animaux de nos régions.»
Pas d'éléphants ni de lions ou de gorilles à Boutissaint, mais des grands animaux qui peuplent les forêts d'Europe: des daims et sangliers des Ardennes, des mouflons de Corse, des bisons de Pologne et des cerfs d'Alsace, d'Autriche et de Hongrie. Vous pouvez aussi apercevoir une quarantaine d'espèces d'oiseaux, des renards, des faisans, des écureuils ou des martres ... Tous les animaux vivent en liberté, excepté les sangliers, les bisons et les mouflons, protégés par de grands enclos[1].
L'intérêt du parc? Les visiteurs peuvent se promener où ils le souhaitent, sortir des sentiers battus[2], se cacher pour mieux observer et photographier les animaux à toutes les saisons. Sous la neige, rien n'est plus beau qu'une harde[3] de cerfs qui se détache[4] sur le paysage dénudé. Au printemps, les petits viennent au monde, tandis qu'en été il fait bon flâner tard à l'ombre des chênes centenaires[5]. Et, à l'automne, le brame[6] des cerfs est un spectacle unique. À ne surtout pas manquer!

Rens.: Parc Naturel de Boutissaint,
89520 Treigny.
Tél.: 03 86 74 07 08 ou 01 45 05 15 81.

→ www.

1 Umzäunung; 2 vom herkömmlichen Pfad abweichen; 3 ein Rudel; 4 sich abzeichnen; 5 im Schatten der hundertjährigen Eichen; 6 das Röhren

17. Donnez des synonymes ou donnez une définition des mots suivants:
croiser, peupler, une quarantaine, excepté, venir au monde, flâner, centenaire.

18. Connaissez-vous un parc naturel près du lieu où vous habitez? Quels animaux peut-on y voir?

19. Pour ou contre les zoos? Rassemblez des arguments et discutez en petits groupes.

→ AB 4 (V); 10, 11 (AS)

Repères

KOMMUNIKATION

Eine Bedingung ausdrücken
Si chacun fait un effort, nous arriverons à vivre en bonne harmonie.
Si vous allez en forêt, ne jetez rien!

An einer Diskussion teilnehmen
Je suis pour/ Je suis (tout à fait) contre ...
Pensez à ...
Moi, je suis d'avis que ...
Excusez-moi de vous interrompre ...
Vous savez sans doute que ...
Il ne faut pas exagérer!
Permettez-moi d'intervenir.
Je pense que vous généralisez un peu vite.
Ça, c'est bien vrai!

Sich beschweren
C'est vraiment très désagréable!
Il est inadmissible que ...
Si cela ne cesse (pas) immédiatement, je porterai plainte.

Höflich um etwas bitten
Je vous serais très reconnaissant/e de ...
Pourriez-vous avoir l'obligeance de ...
Ce serait gentil de ...
Les locataires sont priés de ...

Jemandem gratulieren
Félicitations!
Longue vie au petit Frédéric!

1. **Was sagen Sie in folgenden Situationen?**
   a. Sie gratulieren einem Freund zu einer bestandenen Prüfung.
   b. Sie bitten Ihren Nachbarn, im Treppenhaus nicht zu rauchen.
   c. Sie entschuldigen sich, dass Sie jemanden unterbrechen.
   d. Sie sind der Meinung, dass Tiere im Zoo glücklich sind.
   e. Sie möchten Ihrem Gesprächspartner vermitteln, dass er verallgemeinert.

GRAMMATIK

Der reale Bedingungssatz
Man spricht von einem realen Bedingungssatz, wenn die Bedingung auf die Gegenwart bezogen ist und ihre Erfüllung für möglich gehalten wird.
Der Bedingungssatz wird mit si eingeleitet (vor il / ils wird si apostrophiert: s'il / s'ils).
Für den realen Bedingungssatz gilt die Zeitenfolge:
Nebensatz: Si + Präsens (nie futur, nie conditionnel)
Hauptsatz: futur simple / futur composé bzw. Präsens oder Imperativ, je nachdem ob die Bedingung in der Zukunft verwirklicht werden kann oder zeitlos gilt:
S'il fait beau le week-end prochain, nous ferons/allons faire un tour en vélo.
S'il fait beau le week-end, on fait des tours en vélo.
S'il fait beau le week-end prochain, fais donc un tour en vélo!

Die Verneinung mit personne, rien, aucun/e.

Als Subjekt eines Satzes stehen personne, rien oder aucun/e vor dem ne:

Personne ne parle.
Rien ne me convient.
Parmi ces livres, aucun ne me plaît.

⚠ **aucun/e bezieht sich immer auf ein Nomen und gleicht sich diesem im Geschlecht an.**

Personne und rien können auch mit einer zweiten Negation verwendet werden:

Personne ne dit rien.: **Niemand sagt etwas.**
Rien ne marche jamais.: **Es funktioniert nie etwas.**

Das Adjektiv tout, toute, tous, toutes

Das Adjektiv tout, toute, tous, toutes steht vor dem Begleiter des Nomens und richtet sich in Zahl und Geschlecht nach diesem:

Il travaille toute la journée.
Elle connaît tous mes amis.

Im Singular hat tout/e die Bedeutung von ganz.
Im Plural hat tous/toutes die Bedeutung von alle bzw. jeder/jede/jedes

2. Setzen Sie die Verben in die richtige Zeitform.

1. Si j'(avoir) le temps, j' (aller) au cinéma ce soir.
2. Si tu (vouloir), on (pouvoir) dîner ensemble mardi prochain.
3. Nous (partir) en week-end si tu n'(avoir) pas trop de travail.

3. Ergänzen Sie die Sätze mit *tout, toute, tous, toutes* und einem passenden Begleiter.

1. On m'a volé ___ papiers.
2. Nous aimons ___ films de Chabrol.
3. ___ bruit, c'est fatigant!
4. Ne prends pas ___ médicaments, c'est trop!

LERNTIPPS

Sammeln Sie aus dieser und den vorangegangenen *unités* alle Ausdrücke, die für eine Diskussion nützlich sein können, und notieren Sie sie auf eine Karteikarte.

UNITÉ 12

LA BELLE PROVINCE

**Sie lernen eine frankophone Region kennen.
Der irreale Bedingungssatz in der Gegenwart sowie die betonten Personalpronomen werden vorgestellt.**

1. **Que pensez-vous de cette photo? À votre avis, où a-t-elle été prise?**
   Ça me rappelle Francfort, ... !/Je n'aime pas le mélange du moderne et de l'ancien!
   À mon avis, c'est en Europe parce que ...

2. **Imaginez! La ville a décidé de réaménager cet endroit. Quel bâtiment garderiez-vous? Quel bâtiment démoliriez-vous?**
   Si je devais choisir, je garderais/démolirais l'église/le gratte-ciel, parce que ...

   ... c'est une trace de l'histoire.
   ... c'est un bâtiment sacré.
   ... il faut gagner de la place dans les villes.
   ... il faut regarder vers l'avenir.

- Vorschläge machen
- Bedingungen formulieren

L'Eldorado des Français

LIRE

1. Lisez le texte. Quelles affirmations retrouvez-vous?

Québec ... L'Eldorado des Français *Muriel Halimi*

À les écouter, on croirait qu'il existe un endroit sur terre où tout est plus simple: plus simple de trouver un emploi, d'acheter une maison, d'accéder à des loisirs ... Cet endroit rêvé, c'est le Québec, la plus grande province du Canada, trois fois plus vaste que la France et deux fois moins peuplée. Et ce portrait est dans la tête des quelque 3 000 candidats français à l'émigration qui attendent chaque année leur visa à la délégation du Québec de Paris.

2002 aura été une année fructueuse: 5 200 candidats ont été sélectionnés, contre 3 500 l'année précédente. Rien qu'à Paris, 500 personnes assistent chaque mois à des réunions d'information pour émigrer. La moitié n'est jamais allée au Québec. La responsable de l'immigration, Micheline Baril, a bien conscience de la vision romantique des Français: «Ils ont l'impression quand ils arrivent qu'ils sont chez eux. Ils sous-estiment la différence culturelle. Ils risquent d'être déçus, car nous sommes des francophones qui vivent en Amérique.» Qu'importe! Avec son taux de natalité de 1,4 enfant par femme, le Québec accepte 80 % des dossiers dont les candidats sont francophones. Et le rêve demeure ...

Le Point 28/02/03- N°1589

Für die Formulierung einer irrealen auf die Gegenwart bezogenen Bedingung gilt folgende Zeitenfolge:

Nebensatz	Hauptsatz
si + imparfait	conditionnel

Les Français pensent que s'ils vivaient au Québec, ils ...

- ... apprécieraient les rapports simples entre les gens. ☐
- ... se feraient rapidement des amis. ☐
- ... n'auraient pas de problèmes à s'adapter. ☐
- ... pourraient acheter une maison. ☐
- ... se promèneraient beaucoup dans la nature. ☐
- ... trouveraient du travail facilement. ☐
- ... vivraient comme en France. ☐

2. Relisez la liste de 1. Pourquoi les Français immigrants au Québec risquent-ils d'être déçus?

S'ENTRAÎNER

→ www.
→ AB 6, 7, (G)

3. Faites des propositions pour préparer l'immigration au Québec.
Si les Français faisaient d'abord un petit voyage au Québec, ils pourraient avoir une première impression de ce pays.

accepter de vivre comme les Québécois	apprendre beaucoup de choses sur le pays
aller à une réunion d'information	être moins déçu
ne pas être arrogant	s'adapter facilement
ne pas sous-estimer la différence culturelle	se faire des amis rapidement

ÉCOUTER

→31 **4. Écoutez l'interview et cochez les bonnes réponses.**

Gwendal, 24 ans, a rejoint le Québec, entre la ville du même nom et Montréal, pour ses études. Son objectif est de devenir journaliste. Il aurait pu aller à l'université en France, mais il a choisi de s'installer au Canada.

Gwendal a choisi le Québec parce que
- ☐ c'est un pays francophone.
- ☐ il espère trouver du travail.
- ☐ il aime les grands espaces.
- ☐ le Canada anglophone n'est pas accueillant.

À Québec, Gwendal
- ☐ ne s'est pas très bien adapté.
- ☐ n'a pas rencontré de Français.
- ☐ s'est fait beaucoup d'amis québécois.
- ☐ se moquait de l'accent des Québécois.

Pour Gwendal, les Québécois
- ☐ ont un fort accent.
- ☐ ont raison de penser que les Français ont un accent.
- ☐ sont des gens très gentils.
- ☐ adorent les Français.

INFO

Jacques Cartier découvre le Canada en 1534 et la ville de Québec est fondée en 1608. L'est du Canada est colonisé par les Français au 17e siècle. En 1763, la France doit céder tout le Canada à l'Angleterre. Malgré la répression féroce contre l'enseignement français et catholique, la communauté francophone réussit à conserver son identité culturelle grâce à sa très forte natalité, sa cohésion et sa résolution. En 1977, la loi 101 est venue renforcer la position du français comme langue d'enseignement, obligatoire pour tous les enfants d'immigrants au Québec.

5. Complétez les phrases suivantes avec des pronoms personnels.

___, j'ai l'impression que les Québécois ont un sentiment d'infériorité par rapport aux Français.
Au Québec, les Québécois sont chez ___.
___, on est des touristes.
Sans ___ et ta famille, je ne me serais jamais adapté!
Pour ___, le Québec est une seconde patrie. Il s'y sent chez ___.

Die betonten Personalpronomen
moi
toi
lui / elle
nous
vous
eux / elles
Die betonten Personalpronomen werden im Zusammenhang mit Präpositionen (chez moi) und zur Hervorhebung eines Subjektpronoms (moi, je ...) benutzt.
⚠ Nous, on ...

PARLER

6. Faites de votre vie un «Eldorado». Que changeriez-vous si c'était possible? Discutez avec votre voisin / voisine.

Si je pouvais, / Si j'étais riche, / Si j'avais le temps, j'irais ...

→ AB 1, 2, (V); 5 (G); 8 (C)

- Frankokanadische Ausdrücke erkennen
- Eigenarten beschreiben

Vu du Québec

INFO

Lynda Lemay est née à Portneuf, au Québec, en 1966. Après la parution de son premier album CD, *Nos Rêves*, en 1990, et plus encore du second, intitulé *Y*, sa renommée s'étend jusqu'en France. En 1998 sort l'album *Lynda Lemay*, disque d'or en France et au Canada. L'album suivant, sorti en 2000, *Du coq à l'âme*, est sacré disque d'or au Québec et disque de platine en France.

ÉCOUTER

7. a. Écoutez et lisez. Cochez les thèmes abordés dans la chanson. →32

- ☐ l'amitié franco-québécoise
- ☐ l'attitude des touristes français au Québec
- ☐ l'attitude des touristes québécois en France
- ☐ le français du Québec
- ☐ les attractions touristiques du Québec
- ☐ les repas des Français

b. Donnez un titre à la chanson.

Y parlent avec des mots précis
Puis y prononcent toutes leurs syllabes
À tout bout d'champ[1], y s'donnent des bis
Y passent leurs grandes journées à table

Y ont des menus qu'on comprend pas
Y boivent du vin comme si c'était d'l'eau
Y mangent du pain pis du foie gras
En trouvant l'moyen d'pas[2] être gros

Y font des manifs aux quart d'heure
À tous les maudits coins d'rue
Tous les taxis ont des chauffeurs
Qui *roulent en fous*, qui collent au cul[3]

Et quand y parlent de venir chez nous
C'est pour l'hiver ou les Indiens
Les longues promenades en *Ski-doo*
Ou encore en traîneau[4] à chiens

Ils ont des tasses minuscules
Et des immenses cendriers
Y font du vrai café d'adulte
Ils avalent ça en deux gorgées

On trouve leurs gros bergers allemands
Et leurs petits caniches chéris
Sur les planchers des restaurants
Des épiceries, des pharmacies

Y disent qu'y dînent quand y soupent[5]
Et y est deux heures quand y déjeunent
Au petit matin, ça sent l'yaourt
Y connaissent pas les œufs-bacon

En fin d'soirée, c'est plus choucroute
Magret d'canard ou escargots
Tout s'déroule bien[6] jusqu'à c'qu'on goûte
À leur putain[7] de tête de veau[8]

Un bout[9] d'paupière[10], un bout d'gencive[11]
Un bout d'oreille, un bout d'museau[12]
Pour des papilles gustatives[13]
De Québécois, c'est un peu trop

Puis, y nous prennent pour un martien[14]
Quand on commande un verre de lait
Ou quand on demande: La salle de bain
Est à quelle place, S.V.P.?

Et quand ils arrivent chez nous
Y s'prennent une *tuque* et un *kanuk*
Se mettent à chercher des igloos
Finissent dans une *cabane à sucre*
Y *tombent en amour* sur le coup
Avec nos forêts et nos lacs
Et y s'mettent à parler comme nous
Apprennent à dire: *Tabarnak*

Et bien saoulés[15] au *caribou*
À la *Molson* et au gros gin
Y s'extasient sur nos ragoûts
D'pattes de cochon[16] et nos plats d'*binnes*

Vu qu'on n'a pas d'fromages qui puent[17]
Y s'accommodent[18] d'un vieux cheddar
Et y se plaignent[19] pas trop non plus
De notre petit café bâtard

Quand leur séjour tire à sa fin
Ils ont compris qu'ils ont plus l'droit
De nous appeler les Canadiens
Alors que l'on est québécois
Y disent au revoir, les yeux tout trempés
L'sirop d'érable[20] plein les bagages
On réalise qu'on leur ressemble
On leur souhaite bon voyage

On est rendu qu'on *donne des becs*
Comme si on l'avait toujours fait
Y a comme un trou dans le Québec
Quand partent *les maudits français*

Paroles et Musique: Lynda Lemay 2000
Du coq à l'âme

1 alle naselang
2 *hier*: ohne zu
3 *hier*: aufeinander hängen, ohne Abstand fahren
4 Schlitten
5 zu Abend essen
6 alles läuft gut
7 verdammt
8 Kalbskopf (gekocht)
9 Stück
10 Augenlid
11 Zahnfleisch
12 Maul, Schnauze
13 Geschmacksnerven
14 Außerirdischer
15 betrunken
16 Schweinshachsen
17 die stinken
18 sie finden sich ab mit ...
19 sie beklagen sich
20 Ahornsirup

DÉCOUVRIR

8. **Quelles expressions québécoises du texte correspondent à:**
   - rouler comme un fou?
   - motoneige?
   - bonnet chaud (souvent en laine) pour l'hiver?
   - anorak résistant aux grands froids?
   - petit restaurant dans la nature où sont consommées des spécialités à base de sirop d'érable à l'arrivée du printemps?
   - tomber amoureux?
   - insulte locale?
   - boisson alcoolisée; c'est aussi le nom du cousin du cerf au Québec?
   - célèbre marque de bière canadienne?
   - gros haricots?
   - en arriver à/en venir à?
   - s'embrasser?
   - touristes français arrogants?

9. **D'après le texte de la chanson, dites si les affirmations ci-dessous concernant le Québec et les Québécois sont vraies ou fausses. Corrigez si nécessaire.**
   - Le droit de grève est très limité.
   - Les Québécois mangent très lentement.
   - Les chiens sont interdits dans les restaurants et les magasins.
   - Le repas du soir s'appelle le dîner.
   - On ne peut pas commander de lait dans les cafés.

INFO
Le français du Québec est différent de celui de France, par son lexique, mais aussi par sa syntaxe et sa prononciation, par exemple: la réduction du pronom «il» en «y».

10. **D'après la chanson, que cherchent les Français au Québec?**

PARLER

11. **Les Français à table.**
    a. **Qu'est-ce qui surprend les Québécois dans les habitudes alimentaires des Français? Justifiez.**
    Les heures et la durée des repas: ___/Les boissons: ___/
    Les menus: ___
    b. **Et vous? Que savez-vous des repas des Français? Quelles différences voyez-vous avec votre pays? Discutez avec votre voisin.**
    En général, en Allemagne, on mange ...

→ AB 3, 4 (V); 9 (C)

Document

12. **Quels aspects du Québec vous montre le document suivant? Complétez éventuellement.**

QUÉBEC: UN NOM POUR DEUX RÉALITÉS: UNE VILLE ET UNE PROVINCE.

Montréal: *cette métropole bilingue, cosmopolite et multiculturelle, est, après Paris, la deuxième ville francophone du monde.*

Le Fleurdelisé: *le drapeau de la province de Québec porte toujours l'emblème de la royauté française: la fleur de Lys.*

Le Saint-Laurent: *long de 1 200 kilomètres, c'est l'une des plus grandes voies navigables du monde.*

L'été indien: *un automne où il fait toujours beau, une saison qui n'existe que dans le Nord de l'Amérique (Joe Dassin).*

Au printemps, c'est la «saison des sucres», le moment de fabriquer le sucre d'érable, et ça se fête!

La vie à l'américaine.

La devise du Québec «Je me souviens» figure sur les plaques d'immatriculation des véhicules.

13. **Pour vous, qu'est-ce qui représenterait le mieux votre pays ou votre région? Choisissez trois aspects et expliquez votre choix.**

→ AB 10, 11 (AS)

Repères

KOMMUNIKATION

Eine irreale Bedingung ausdrücken
S'il vivait au Québec, il n'aurait pas l'impression d'être en Amérique.
Si je pouvais, j'irais vivre au Canada.

Persönliche Stellungnahmen hervorheben
Moi, j'ai l'impression que ...
Pour lui, le Québec est une seconde patrie.

Etwas kommentieren
Franchement, j'ai eu du mal à m'adapter.
D'ailleurs, je pense que ...
Qu'importe!

GRAMMATIK

Der irreale Bedingungssatz in der Gegenwart
Wenn sich eine Bedingung auf die Gegenwart bezieht und sie als nicht realistisch bzw. nicht erfüllbar betrachtet wird, gilt folgende Zeitenfolge:
Nebensatz: si + imparfait
Hauptsatz: conditionnel
⚠ **Im Nebensatz steht nie das conditionnel!**

Die betonten Personalpronomen

moi	nous
toi	vous
lui/elle	eux/elles

Sie verwenden die betonten Personalpronomen, wenn Sie ein Subjektpronomen hervorheben möchten.
Moi, je pars au Canada, et toi, tu restes ici?

Betonte Personalpronomen werden ebenso nach Präpositionen benutzt.
Viens avec moi!
Ne pars pas sans eux!

⚠ Nous, on aime bien vivre au Québec.
= Nous, nous aimons bien vivre au Québec.

1. Setzen Sie die Verben in die richtige Zeitform.
1. Si tu (venir) à Montréal, tu (faire) la connaissance de mes amis.
2. Nous (visiter) les grands lacs si nous (avoir) une voiture.
3. Nous (rester) au Québec si le climat (être) meilleur.

2. Ergänzen Sie die Sätze mit dem richtigen Personalpronomen.
1. Monique et Sophie vont au cinéma. Tu veux y aller avec ___?
2. Claude et Jean n'étaient pas au rendez-vous, alors je suis parti sans ___.
3. ___, on aime bien voyager. Et ___, qu'est-ce que vous faites pendant vos vacances?
4. Michel et Christine sont rentrés chez ___.

Sie lernen einen Text des Komikers Sim kennen. Zudem können Sie sich auf die Prüfung des Europäischen Sprachenzertifikats (Niveau A2) vorbereiten.

FAITES LE POINT!

1. Lisez cet extrait d'une aventure de Sim. À votre avis, comment est-ce que cette histoire continue? Quelle solution Sim va-t-il trouver? Faites des hypothèses.
La fin de l'histoire se trouve page 160.

Je me souviendrai longtemps de ce 14 juillet qui avait vidé mon immeuble de presque tous ses habitants. Debout[1] devant ma fenêtre ouverte, je regardais la Seine, et devant l'absence de vis-à-vis, je n'avais pas jugé bon[2] de mettre un quelconque vêtement. Autrement dit, j'étais complètement nu[3].
Je ne sais pas si c'est le beau temps ou la fête nationale, mais j'ai eu soudain l'envie de manger des frites. Pour ne pas salir ma poubelle[4] fraîchement nettoyée[5], j'ai décidé de jeter[6] les épluchures[7] dans le vide-ordures[8]. Pour mon malheur, il se trouvait sur le palier[9]. Je suis donc sorti de chez moi dans la tenue du mari d'Ève.
Au moment où je lâchais[10] les épluchures dans le vide-ordures, j'ai entendu derrière moi un bruit auquel[11] je n'ai pas cru tout de suite. J'ai d'abord été rempli[12] d'un calme incrédule en regardant cette porte imbécile qui obéit[13] au moindre courant d'air[14]. La panique est arrivée dans les trois secondes. Je me suis tout de suite vu entre deux gendarmes, arrêté pour attentat à la pudeur[15]. Affolé[16], j'ai lancé des grands coups de pied[17] dans la porte sans savoir tellement ce que j'étais en train de faire[18]. Le désespoir[19] m'a même conduit à appuyer[20] sur le bouton de la sonnette[21]!
Que faire dans un tel moment?

D'après Sim, Elle est chouette ma gueule, *Flammarion, 1983.*

1 stehend
2 für nötig halten
3 nackt
4 Mülleimer
5 gereinigt
6 wegwerfen
7 (Kartoffel)schalen
8 Müllschlucker
9 Treppenabsatz, Treppenhaus
10 ich ließ los
11 *hier:* an dem
12 erfüllt
13 gehorcht, hier: reagiert
14 der geringste Luftzug
15 Erregung öffentlichen Ärgernisses
16 verwirrt
17 *hier:* kräftig treten
18 ohne recht zu wissen, was ich (gerade) tat
19 Verzweiflung
20 drücken
21 Klingelknopf

Certificat de Français

1 ÉLÉMENTS LANGAGIERS: PARTIE 1

Lisez la lettre suivante et décidez quel mot ou quelle expression (a, b ou c) manque à chacun des items 1 à 10. Cochez la bonne réponse.

Cher Charles,

Comment vas-tu? 1 bien que moi, j'espère! L'école est finie, la maison est vide et je peux enfin 2 reposer. Jacques 3 pour le week-end, déposer les enfants chez sa mère à Nice. Ils vont 4 rester trois semaines. Nous avons 5 travail en perspective pour la première semaine: nous voulons 6 la cuisine ... mais dans 8 jours exactement, nous 7 dans l'avion pour Athènes. Nous allons passer quinze jours en Grèce, en amoureux. Nous attendons ça 8 cinq ans! Nous avons réservé dans le petit hôtel 9 tu nous as conseillé. 9 -moi vite de tes nouvelles.

1. a aussi / b moins / c plus
2. a la / b me / c se
3. a est parti / b part / c partira
4. a en / b la / c y
5. a du / b le / c la
6. a repeignons / b repeindre / c repeint
7. a serions / b serons / c seront
8. a depuis / b il y a / c pendant
9. a où / b que / c qui
10. a Donne / b Donnes / c Donnez

2 ÉLÉMENTS LANGAGIERS: PARTIE 2

Lisez les dialogues et décidez quel mot ou expression manque à chacun des items 11 à 22. Reliez le numéro de l'item avec la bonne réponse.

I Demandez son chemin

A: Excusez-moi, pouvez-vous me dire où se trouve la bibliothèque municipale?
B: 11 ... Oui, elle est juste à côté du théâtre. Vous savez où c'est?
A: Non, je ne suis pas d'ici.
B: Ah, alors c'est très simple. Vous suivez cette rue, jusqu'au carrefour là-bas. 12 vous tournez à droite, puis à gauche, dans la rue du théâtre. Vous en avez pour cinq minutes à pied.
A: D'accord: à droite, puis à gauche.
B: 13 !
A: Merci beaucoup, Monsieur. Au revoir.
B: Je vous en prie. Bonne journée.

11. ☐
12. ☐
13. ☐

a Attendez
b Bref
c C'est ça
d C'est très gentil
e Enfin
f Ensuite

II Une invitation

C: Allô!
D: Allô, Catherine? Bonjour, c'est Hervé.
C: Oh, salut Hervé. Comment vas-tu?
D: Très bien, merci. 14, je fais une petite fête samedi soir. Tu n'as rien de prévu, j'espère?
C: Non, non, samedi soir, je suis libre.
D: Génial! Tu viens, alors?
C: Bien sûr. Je peux t'apporter 15?
D: Si tu avais le temps de faire un petit dessert, ça serait super!
C: 16 d'un gâteau au chocolat? C'est ma spécialité.
D: 17!
C: Alors, c'est d'accord. Je viens vers quelle heure?
D: Oh … à partir de 7 heures!
C: Eh bien … à samedi 7 heures, alors.
D: Oui, à samedi, salut!

14. ☐ 15. ☐ 16. ☐ 17. ☐

- a à ton avis
- b ce n'est pas la peine
- c dis-moi
- d excellente idée
- e que dirais-tu
- f quelque chose
- g regarde
- h rien

III Conversation de tous les jours

Entre collègues

E: Tiens, bonjour Roselyne.
F: Bonjour, Julien. Écoute, j'ai un service à te demander: 18 me remplacer? L'école de Juliette a téléphoné. Il faut que j'aille la chercher.
E: Sans problème. Ce n'est pas trop grave, 19?
F: Non, non, une mauvaise chute. Ah, 20, Monsieur Blain va téléphoner cet après-midi. Son dossier est sur mon bureau.
E: Autre chose?
F: Non, de toute façon je n'ai pas beaucoup de travail en ce moment.
E: 21. Allez, vas-y!
F: Merci Julien, 22!

18. ☐ 19. ☐ 20. ☐ 21. ☐ 22. ☐

- a à propos
- b aimerais-tu
- c j'espère
- d je crois
- e moi aussi
- f moi non plus
- g pendant que j'y pense
- h pourrais-tu
- i bonne chance
- j bon courage

3 COMPRÉHENSION DE TEXTES ORAUX: PARTIE 1

→33 **Vous allez entendre cinq textes courts. À chaque fois, lisez d'abord les phrases, puis écoutez les textes et décidez si les phrases sont vraies ou fausses. Vous entendrez chaque texte deux fois.**

	vrai	faux
→34 **23.** La première personne va au travail en vélo l'été.	☐	☐
→35 **24.** La deuxième personne prend les transports en commun pour aller au travail.	☐	☐
→36 **25.** La troisième personne aimerait habiter plus près de son lieu de travail.	☐	☐
→37 **26.** La quatrième personne passe une heure et quart dans les transports en commun tous les jours.	☐	☐
→38 **27.** La cinquième personne prend sa voiture pour aller travailler.	☐	☐

4 COMPRÉHENSION DE TEXTES ORAUX: PARTIE 2

→39 **Vous allez maintenant entendre deux textes courts. À chaque fois, lisez d'abord les phrases, puis écoutez les textes et décidez si les phrases sont vraies ou fausses. Vous entendrez chaque texte deux fois.**

	vrai	faux
→40 **28.** Vous devez rappeler Madame Fosset.	☐	☐
→41 **29.** Vous avez rendez-vous à 18 h 30.	☐	☐

5 COMPRÉHENSION DE TEXTES ORAUX: PARTIE 3

→42 **Vous allez entendre cinq textes courts. À chaque fois, lisez d'abord les phrases, puis écoutez les textes et décidez si les phrases sont vraies ou fausses. Vous entendrez chaque texte deux fois.**

	vrai	faux
→43 **30.** Il n'y a pas de bar dans le train.	☐	☐
→44 **31.** La caisse 5 va bientôt fermer.	☐	☐
→45 **32.** Il y a des publicités avant le journal.	☐	☐
→46 **33.** Pour connaître les programmes à Granville, vous devez faire le 2.	☐	☐
→47 **34.** Dans un quart d'heure le magasin sera fermé.	☐	☐

6 COMPRÉHENSION DE TEXTES ÉCRITS: PARTIE 1

Lisez les textes et les titres suivants. Choisissez le titre approprié pour chaque texte et reliez le numéro du texte avec le bon titre.

35. Comme chaque année, Radio France Internationale couvre le Festival de Cannes: RFI au Festival de Cannes, ce sont des studios sur place pour les directs et une équipe de 30 journalistes de 19 nationalités différentes.
Chaque jour, dès le 15 mai, retrouvez toute l'actualité cinématographique sur l'antenne de RFI. Au cœur des tranches d'information, les reportages et le «Journal de la Culture» feront vivre aux auditeurs tous les temps forts du festival.

36. Pour la première fois à la télévision et à la veille de l'ouverture du plus prestigieux tournoi de tennis français, Michel Drucker choisissait pour son avant-dernier «Tapis rouge» de la saison de nous faire visiter et découvrir les coulisses du nouveau Central du stade mythique de Roland-Garros. Une visite en compagnie de nombreux tennismen à qui Michel Drucker faisait les honneurs de son émission. À leurs côtés, une pléiade d'artistes venait interpréter, avec brio, leurs succès et enflammer le stade, le temps de cette soirée exceptionnelle.

37. Le président de la République Jacques Chirac a quitté momentanément la tribune officielle du stade de France à Saint-Denis parce que l'hymne national avait été sifflé samedi par une partie du public. Le coup d'envoi a été retardé, à la demande du président Chirac. «Quelques irresponsables ont cru devoir siffler la Marseillaise, ce soir, au début de ce match. C'est inadmissible et inacceptable», a déclaré le président de la République, au micro de TF1, avant de reprendre sa place dans la tribune officielle vers 21 h.

38. Depuis 2001, Johnny Hallyday se consacre au cinéma, car devenir comédien, c'est toujours et plus que jamais son rêve d'adolescent. En février 2000, lors d'une interview pour le magazine «Ciné Télé Revue», Johnny rappelait: «Si j'ai commencé à chanter, c'était pour me payer des cours de comédie, et uniquement pour ça».

- a Interview exclusive de Stephie Graf
- b Johnny au Stade de France
- c Johnny et le cinéma
- d La Marseillaise sifflée
- e Le Président a chanté l'hymne national
- f RFI au Festival de Cannes
- g Tapis rouge à Roland-Garros
- h Tapis rouge pour les stars à Cannes

35. ☐
36. ☐
37. ☐
38. ☐

7 COMPRÉHENSION DE TEXTES ÉCRITS: PARTIE 2

Lisez les textes et les phrases suivants. À chaque fois, lisez d'abord les phrases, puis lisez le texte et décidez si les phrases sont vraies ou fausses.

I Vous recevez le mail suivant:

Chers collègues,

Ma petite Dominique est née le 15 mai dernier. Après quinze premiers jours un peu difficiles, elle a trouvé son rythme, et moi, je suis à nouveau en forme. Je pourrai donc venir vous la présenter mardi prochain dans l'après-midi. Je vous propose de nous retrouver autour d'un verre de champagne à 16 h 30 à la cafétéria. Pour mon retour définitif au bureau, il faudra attendre un petit peu: j'ai choisi de rester à la maison pour un an! Alors à mardi. Venez nombreux!

Amitiés

Fabienne

	vrai	faux
39. Fabienne a eu une petite fille.	☐	☐
40. Elle recommence à travailler dans six mois.	☐	☐

II Vous avez loué une villa et vous recevez le document suivant:

résidence du soleil

À votre arrivée

Porte de la Résidence

– Pour entrer dans la résidence la première fois, descendez de votre voiture et poussez la porte.

Bureau d'accueil

– M. REYNAUD vous attendra au bureau d 'accueil et vous accompagnera à votre villa.
– Vous pouvez garer votre voiture devant le bureau (première route à droite en entrant dans la résidence).

Clés

– Porte de la résidence:
On vous donnera une télécommande pour ouvrir la porte de la résidence directement de votre voiture.
– Villa:
Vous aurez les clés de la villa en double exemplaire.

	vrai	faux
41. Pendant votre séjour, vous ne devrez pas toujours descendre de votre voiture pour entrer dans la résidence.	☐	☐
42. M. Reynaud vous donnera une clé de la villa.	☐	☐

8 COMPRÉHENSION DE TEXTES ÉCRITS: PARTIE 3

Lisez le texte et décidez quelle partie du texte vous intéresse si

43. vous voulez connaître les possibilités de logement.
44. vous voulez des renseignements supplémentaires.
45. vous voulez des renseignements sur la région d'Antibes.
46. vous voulez des précisions sur le lieu des cours.

Centre International Antibes
Culture langue et civilisation françaises
Apprendre le français sur la Côte d'Azur

a. Le Centre International d'Antibes a pour vocation de vous enseigner le français en fonction de votre niveau, de vos besoins et de vos objectifs. Afin de vous faire goûter pleinement au plaisir d'apprendre et de communiquer, nous avons voulu vous faire évoluer dans un cadre agréable à vivre. C'est pourquoi nous avons créé une école calme, fleurie, claire et ouverte sur la mer. Au bord d'une plage de sable adossée au plus grand port de plaisance de toute la méditerranée, Antibes (70 000 habitants) est la ville la plus typée de la côte d'Azur. Elle reçoit un nombre impressionnant d'activités culturelles et de spectacles. L'aéroport de Nice se trouve à 25 km.

b. CENTRE
L'école du Château est installée dans une belle demeure provençale entourée d'un grand jardin fleuri.
Elle est située dans un quartier calme, à quelques minutes à pied du centre-ville et de la mer.
Vous aurez ainsi le plaisir d'apprendre et de communiquer dans un bel établissement disposant de salles de classe claires, équipées de matériel moderne.
Vous y trouverez également une bibliothèque, un restaurant, une terrasse aménagés pour l'enseignement et le travail individuel.

c. COURS
Le Centre International d'Antibes a établi sa réputation sur la qualité de ses infrastructures, mais aussi sur la solidité de ses programmes de cours:
Programmes courts (min. 2 sem.)
- Cours standards (20 leçons/sem.)
- Cours intensifs (30 ou 36 leçons/sem.)
- Options: Français des Affaires, Art et littérature, Vie Politique, Culture et Civilisation ...

Programmes longs
- Alliance française (5, 12 ou 16 sem.)
- Chambre de Commerce et d'industrie de Paris (5 ou 8 sem.)
- DELF (8, 12, ou 16 sem.)

Dès le premier jour vous serez soutenu dans votre apprentissage par une équipe pédagogique professionnelle et sympathique qui restera à votre écoute.

d. HÉBERGEMENT
Quatre types d'hébergement sont disponibles pour votre séjour en France au sein du CIA:
- Famille: chambre individuelle ou double.
  Choisies avec soin et inspectées régulièrement, nos familles d'accueil offrent un hébergement confortable et un accueil chaleureux et amical.
- Appartement de haut standing (cuisinette, salle de bains, téléphone, télévision).
- Chambre de moyen standing dans notre résidence à 1 500 m de l'école (piscine, salle de télévision, restaurant).
- Hôtel: à votre disposition, pour ceux qui souhaitent un service total et le confort digne d'un palace 4 étoiles de la Côte d'Azur.

Toutes nos résidences offrent des prestations quasi identiques et répondent aux critères d'accueil et de confort exigés par la clientèle internationale d'aujourd'hui.

e. LOISIRS
Hors le Castel Club et le Castel Café, accessibles à tous les étudiants du Centre International d'Antibes, un programme d'animations et d'excursions est proposé toutes les semaines par l'école.
Vous y trouverez des détails concernant:
des activités sportives et de loisir,
des soirées,
des excursions ou visites culturelles, en demi-journées ou journées complètes,
des évènements de saison, que nous aurons organisés spontanément ou à votre demande.

f. Nos brochures sont disponibles sur simple appel au (33) 04 92 90 71 72.

Centre International Antibes
38, Bd d'Aguillon
06600 Antibes
France
Informations*: (33) 04 92 90 71 70
Fax*: (33) 04 92 90 71 71
*Ne pas composer le 0 de l'étranger
E-mail:cia@imcn.com
Web: http://www.cia-France.com

9 EXPRESSION ÉCRITE

Vous voulez envoyer une carte postale de votre ville à un/e ami/e français/e. Écrivez à votre ami/e et parlez de 3 des 6 points ci-dessous dans l'ordre de votre choix. Vous utiliserez les formules adéquates pour commencer et terminer votre carte postale.

Demandez des nouvelles de votre ami.
Dites quelque chose sur votre famille.
Parlez de la beauté (ou de la laideur) de votre ville.
Parlez de vos projets de vacances.
Parlez des activités culturelles et sportives de votre ville.
Proposez à votre ami de vous rendre visite.

Erklärung der grammatischen Begriffe

Adjektiv → Eigenschaftswort. Beschreibt Personen oder Sachen: *Il est grand.* / Er ist groß.

Adverb → Umstandswort. Bezeichnet die Umstände eines Geschehens: *Elle parle vite.* / Sie spricht schnell.

Akzent → Im Französischen gibt es drei Akzente, die über einem Vokal stehen können: *é (accent aigu* – macht aus dem [ə] ein [e]); *è (accent grave* – macht aus dem [ə] ein [ɛ]), *à, ù; ê, î, â (accent circonflexe)*.

Apostroph → Auslassungszeichen. Zeigt an, dass an dieser Stelle ein Vokal ausgelassen wurde: *la + eau → l'eau, je + aime → j'aime.*

Artikel, bestimmter → Bestimmtes Geschlechtswort: *le café, la bière, l'eau, les boissons* / der Kaffee, das Bier, das Wasser, die Getränke.

Artikel, unbestimmter → Unbestimmtes Geschlechtswort: *un café, une bière, des boissons* / ein Kaffee, ein Bier, Getränke.

Artikel, zusammengezogener → Die bestimmten Artikel *le* und *les* werden mit den Präpositionen *à* und *de* zusammengezogen: *à + le → au; à + les → aux; de + le → du; de + les → des. Je vais au marché. Il fait du sport.* / Ich gehe auf den Markt. Er treibt Sport.

Artikel, Teilungs- → Der Teilungsartikel *(du, de la, de l')* hat im Deutschen keine Entsprechung: *J'achète du pain, de la bière, de l'eau.* / Ich kaufe Brot, Bier, Wasser.

Bedingungssatz → Konditionalsatz. Umstandssatz, der eine Bedingung angibt: *Je viendrai s'il ne pleut pas.* / Ich werde kommen, wenn es nicht regnet.

Begleiter → Ein Wort, das Nomen näher bestimmt, z. B. Artikel und Possessivbegleiter: *le livre, un livre, mon livre* / das Buch, ein Buch, mein Buch.

Conditionnel → Konditional, Bedingungsform.

Demonstrativbegleiter → hinweisender Begleiter: *cette table, ces enfants* / dieser Tisch, diese Kinder.

Endung → Teil eines Wortes, das an den Stamm des Wortes angefügt wird: die Endung *-s* für den Plural, die Endung *-e* für die weibliche Form.
Bei Verben zeigt die Endung, in welcher Person ein Verb verwendet wird: *le livre – les livres* / das Buch – die Bücher; *un grand jardin – une grande maison* / ein großer Garten – ein großes Haus; *nous prenons* / wir nehmen.

Futur composé → zusammengesetzte Zukunft: *Il va venir.* / Er wird kommen.

Futur simple → einfache Zukunft. *Il pleuvra demain.* / Morgen wird es regnen.

Hilfsverb → Ein Verb, das nicht in seiner eigentlichen Bedeutung, sondern zur Bildung einer Zeitform verwendet wird: *avoir → Nous avons travaillé.* / Wir haben gearbeitet. *Aller → Nous allons travailler.* / Wir werden arbeiten.

Imparfait → Imperfekt. Einfache Form der Vergangenheit. *C'était fabuleux!* / Es war sagenhaft!

Imperativ → Befehlsform: *Tournez à droite.* / Biegen Sie rechts ab.

Infinitiv → Grundform des Verbs: *travailler, être* / arbeiten, sein.

Intonation → Satzmelodie. Das Heben und Senken der Stimme im Satz.

Komparativ → erste Steigerung des Adjektivs und Adverbs: *Pierre est plus grand que Paul.* / Pierre ist größer als Paul. *Anne travaille mieux que moi.* / Anne arbeitet besser als ich.

Konjugation → Beugung. Anpassung eines Verbs an das Subjekt.

Konjunktion → Bindewort. Wörter mit denen zwei Satzteile oder zwei Sätze verbunden werden: *et* / und, *quand* / wenn, *parce que* / weil.

Konsonant → Mitlaut (b, c, d, f, g ...)

Liaison → hörbare Bindung: nous‿avons, les‿amis / wir haben, die Freunde.

Modus → Aussageweise des Verbs

Nomen → Hauptwort, Substantiv: *mon ami, la table, un café* / mein Freund, der Tisch, ein Kaffee.

Partizip Perfekt → Mittelwort der Vergangenheit, Partizip II: *Il est arrivé hier. J'ai bien mangé.* / Er ist gestern angekommen. Ich habe gut gegessen.

Passé composé → Perfekt. Zusammengesetzte Form der Vergangenheit: *Hier, nous avons visité un musée.* / Gestern haben wir ein Museum besichtigt.

Personalpronomen → Persönliches Fürwort: *Vous êtes Anne Dupuis? – Oui, c'est moi.* / Sind Sie Anne Dupuis? – Ja, das bin ich.

Plural → Mehrzahl

Possessivbegleiter → Besitzanzeigender Begleiter. Gibt den Besitz oder die Zugehörigkeit an: *ma chambre* / mein Zimmer.

Präposition → Verhältniswort. Zeigt zeitliche, räumliche und andere Beziehungen zwischen Personen oder Sachen an: *à Paris* / in Paris – *après le travail* / nach der Arbeit.

Präsens → Gegenwart. Zeitform des Verbs.

Pronomen → Fürwort

Objektpronomen, direktes → Fürwort, das ein direktes Objekt ersetzt: *Voilà Alain. Tu le connais?* / Da kommt Alain. Kennst du ihn?

Objektpronomen, indirektes → Fürwort, das für eine Ergänzung steht, die mit einer Präposition an das Verb angeschlossen ist: *Anne a 20 ans aujourd'hui. Ses collègues lui (= à Anne) offrent des fleurs.* / Anne wird heute 20. Ihre Kollegen schenken ihr Blumen.

Reflexivpronomen → rückbezügliches Fürwort: *Pardon, je me suis trompé/e de porte.* / Entschuldigung, ich habe mich in der Tür geirrt.

Relativpronomen → bezügliches Fürwort, das einen Nebensatz einleitet: *Je comprends les gens qui parlent français.* / Ich verstehe die Leute, die Französisch sprechen.

Singular → Einzahl

Stamm → Ein Verb besteht aus einem Stamm und einer Endung: *parler – nous parlons* / sprechen – wir sprechen.

Subjekt → Der Satzgegenstand, der Teil des Satzes, über den etwas ausgesagt wird: *Pierre habite à Lyon.* / Pierre wohnt in Lyon.

Subjonctif → einer der vier Modi neben dem Indikativ, dem Imperativ und dem conditionnel.

Superlativ → Höchststufe eines Vergleichs (Steigerung des Adjektivs oder des Adverbs): *Paris est la plus grande ville de France.* / Paris ist die größte Stadt Frankreichs.

Stummes h → Das stumme *h* am Anfang eines Wortes bleibt lautlich unberücksichtigt. Das Wort wird so behandelt, als ob es mit einem Vokal anfangen würde: *J'habite à l'hôtel.* / Ich wohne im Hotel.

Verb → Tätigkeitswort. Verben bezeichnen Handlungen: *Pierre habite à Paris.* / Pierre wohnt in Paris.

Verb, reflexives → rückbezügliches Verb: *se tromper* / sich irren.

Vokal → Selbstlaut (a, e, i, o, u, y)

1 Das Nomen und seine Begleiter

1 DAS NOMEN

1. Nomen mit einer maskulinen und einer femininen Form

Einige Nomen – vor allem Berufs- und Nationalitätsbezeichnungen – verfügen über eine maskuline und eine feminine Form, je nachdem ob es sich um eine Frau oder einen Mann handelt.

- Manche Nomen haben identische maskuline und feminine Formen. Das Geschlecht des Nomens kann man am Begleiter erkennen.

Mask.	Fem.
un journaliste	une journaliste

⚠ **Für einige Berufsbezeichnungen gibt es nur eine maskuline Form.**

un chef, un ingénieur, un professeur

In der gesprochenen Sprache ist der Gebrauch des femininen Begleiters jedoch verbreitet.

Ma / Mon professeur de français s'appelle Léa Berthon.

- Häufig unterscheidet sich die feminine Form von der maskulinen durch die Endung -e.

⚠ **Durch die Endung -e wird der im Maskulinum nicht hörbare Endkonsonant in der femininen Form ausgesprochen.**

Mask.	Fem.
un client [klijɑ̃]	une cliente [klijɑ̃t]
un voisin [vwazɛ̃]	une voisine [vwazin]

- Einige Nomen verfügen über besondere feminine Formen: -eur / -euse, -ien / -ienne, -er / -ère.

Mask.	Fem.
un serveur	une serveuse
un informaticien	une informaticienne
un boulanger	une boulangère

2. Die Pluralbildung

Bei den meisten Nomen wird im Plural ein -s angehängt.

le voyage → les voyages
une table → des tables

Nomen, die schon auf -s oder -x enden, erhalten kein weiteres -s für den Plural.

l'ananas → les ananas
un prix → des prix

TIPP

Da -s oder -x nicht ausgesprochen werden und der Plural in der gesprochenen Sprache daher nicht unmittelbar hörbar wird, sollten Sie auf die Begleiter achten.

Besondere Pluralformen:
- Nomen auf -eau bilden den Plural mit -x. — ton cadeau → tes cadeaux

- Nomen auf -al haben die Pluralendung -aux. — un journal → des journaux

(U8, S. 77)

⚠ **Wichtige Sonderformen**

Madame → Mesdames
Mademoiselle → Mesdemoiselles
Monsieur → Messieurs

2 DIE BEGLEITER DES NOMENS

1. Der Artikel

⚠ **Bei den Artikeln l' und la gibt es keine Kontraktion mit à und de, Artikel und Präposition bleiben getrennt.**

	Mask. Sg.	Fem. Sg	vor einem Vokal	Plural
unbestimmter Artikel	un	une	un / une	des
bestimmter Artikel	le	la	l'	les
zusammengezogener Artikel mit der Präposition de	du	(de la)	(de l')	des
zusammengezogener Artikel mit der Präposition à	au	(à la)	(à l')	aux
Teilungsartikel	du	de la	de l'	des

Der Teilungsartikel wird zum Ausdruck einer unbestimmten Menge von nicht zählbaren Dingen verwendet. Es steht keine Mengenangabe vor dem Nomen. Unterscheiden Sie:

- der Teilungsartikel steht, wenn Menge und Sorte nicht präzisiert werden.

Il achète du pain, de la confiture, de l'eau, des pommes.
Er kauft Brot, Marmelade, Wasser, Äpfel.

⚠ **Im Deutschen gibt es keinen Teilungsartikel.**

- Bei bestimmten Mengenangaben steht nur de / d'.

J'achète un morceau de fromage. *Ich kaufe ein Stück Käse.*

- der bestimmte Artikel steht, wenn Menge und Sorte zwar bekannt (also bestimmt) aber nicht erwähnt sind.

J'achète le pain. *Ich kaufe das Brot.*

- der bestimmte Artikel steht ebenfalls in verallgemeinernden Aussagen.

J'aime le pain. Le lait est bon pour la santé.
Ich mag Brot. Milch ist gesund.

⚠ **Eine Verneinung wird ebenfalls als Mengenangabe betrachtet. Sie drückt die Menge null aus. Deswegen steht bei der Verneinung de / d' vor dem Nomen:**

Je ne mange pas de viande. *Ich esse kein Fleisch.*

2. Der Possessivbegleiter

Possessivbegleiter drücken Zugehörigkeit oder Besitz aus.

Mask. Sg.	Fem. Sg.	Fem. Sg vor Vokal	Plural
mon livre	ma voiture	mon amie	mes livres / voitures / amies
ton livre	ta voiture	ton amie	tes livres / voitures / amies
(Pierre) son	sa voiture	son amie	ses livres / voitures / amies
(Nadine) son livre	sa voiture	son amie	ses livres / voitures / amies
notre livre	notre voiture	notre amie	nos livres / voitures / amies
votre livre	votre voiture	votre amie	vos livres / voitures / amies
leur livre	leur voiture	leur amie	leurs livres / voitures / amies

TIPP

Im Gegensatz zum Deutschen spielt das Geschlecht des «Besitzers» keine Rolle. Der Possessivbegleiter richtet sich ausschließlich nach dem Geschlecht des Nomens, vor dem er steht.

sein Wagen sa voiture
ihr Wagen sa voiture

⚠ **Dem deutschen Possessivbegleiter ihr / Ihr entsprechen drei französische Possessivbegleiter:**

ihr Wagen (Nadines Wagen): sa voiture
Ihr Wagen (Höflichkeitsform): votre voiture
ihr Wagen (der Wagen von Pierre und Nadine): leur voiture

3. Der Demonstrativbegleiter
(U2, S. 26)

Den Demonstrativbegleiter verwenden Sie, wenn Sie auf eine ganz bestimmte Person oder einen ganz bestimmten Gegenstand hinweisen wollen.

Mask. Sg.	Mask. Sg. vor einem Vokal / stummen h	Fem. Sg.	Plural
ce livre	cet hôtel	cette maison	ces personnes

⚠ **cet und cette werden gleich gesprochen**

⚠ **Vor Vokal und stummen h muss die Liaison bei des, les, aux, mes, tes, ses, nos, vos, leurs, ces hörbar sein.**

des‿apéritifs, les‿hôtels, aux‿enfants, mes amies, ces‿hommes

⚠ **Nicht jedes h ist stumm! Diese Wörter sind im Wörterbuch meist mit Sternchen gekennzeichnet: *haut, *handicapé / e, *halles.**

2 Die Personalpronomen

1 DIE SUBJEKTPRONOMEN

Je	m'appelle Philippe.
Tu	as téléphoné à Stéphane?
Il	est employé.
Elle	discute avec le technicien.
On	apprend le français.
Nous	attendons le bus.
Vous	travaillez ici?
Ils	habitent près de Paris.
Elles	ont fait les courses.

⚠ **Vous ist zugleich das Personalpronomen für die Höflichkeitsform *(Sie)* und für die 2. Person Plural *(ihr)*. Auf die Angleichung von Adjektiv und Partizip muss geachtet werden:**

Karin, vous êtes allemande?
Quand est-ce que vous êtes arrivée en France?

TIPP

In der gesprochenen Sprache wird häufig on statt nous verwendet:

Christophe et moi, on aime le sport.

2 DIE OBJEKTPRONOMEN

Die Objektpronomen sind Verbergänzungen, die für ein Nomen mit seinen Begleitern stehen. Sie verweisen auf bereits genannte Personen oder Sachen. Man unterscheidet zwischen direkten Objekten, die ohne Präposition an das Verb angeschlossen werden und indirekten Objekten, die mit der Präposition à an das Verb angeschlossen werden.

1. Die direkten Objektpronomen
(U2, S. 25)

me	Tu m'écoutes?
te	Je te vois!
le, la, l'	Tu regardes le film? Non, je ne le trouve pas intéressant.
	Tu connais Anne? Oui, bien sûr, je la connais.
	Tu cherches encore ton livre? Non, je l'ai trouvé.
nous	Elle nous attend à 8 heures.
vous	Je peux vous rappeler?
les	Comment trouves-tu ces chaussures? – Je les trouve très élégantes.

2. **Die indirekten Objektpronomen** (U4, S. 46)

me	Tu me donnes ton numéro de téléphone?
te	Écoute! Il t'explique le passé composé.
lui	Anne a invité Pierre à dîner. Il lui offre des fleurs. C'est l'anniversaire de Pierre. Anne lui offre un livre.
nous	Ils nous ont apporté un livre.
vous	Nous vous avons rendu vos clés hier.
leur	Sophie passe le week-end chez ses parents. Elle leur montre des photos de son nouvel appartement.

3. **Die Reflexivpronomen** (U5, S. 53)
   Reflexivpronomen stehen in derselben Person wie das Subjekt des Verbs.

Je	me	promène dans le parc.
Tu	te	lèves à quelle heure?
Il/Elle/On	se	repose.
Nous	nous	préparons à partir.
Vous	vous	êtes trompé (e/s/es) de train?
Ils/Elles	se	mettent à table.

**⚠ Vor Vokal und stummen h werden je, me, te, se zu j', m', t', s' verkürzt.
Vor Vokal und stummen h muss bei nous, vous, ils und elles die Bindung hörbar sein.**

TIPP

Bei der 1. und 2. Person Singular und Plural sind die direkten und indirekten Objektpronomen gleich, in der 3. Person sind sie unterschiedlich: Beim direkten Objektpronomen unterscheidet man zwischen le, la, l' je nach Geschlecht des ersetzten Objekts. Das indirekte Objektpronomen lui und das reflexive Pronomen se stehen für beide Geschlechter.

3 DIE PRONOMEN EN UND Y

(U6, S. 61, 62)

1. **Das Pronomen en**
   Es steht für Ergänzungen, die mit de eingeleitet werden. Es können sein:

– unbestimmte Mengen, die mit dem Teilungsartikel angegeben werden.
Il y a des fruits dans le jardin: vous pouvez en prendre.

– Ortsangaben, die mit de eingeleitet werden.
Vous venez de Paris? Oui, j'en viens.

– Sachobjekte, vor denen de steht.
Tu as besoin de la voiture? Non, je n'en ai pas besoin aujourd'hui.

⚠ Wenn das Objekt auf eine Person verweist, bleibt de erhalten. Es folgt ein betontes Personalpronomen.
Vous parlez de Paul? Oui, on parle de lui.

2. Das Pronomen y
Es vertritt:

– Ortsangaben, außer denjenigen, die mit de eingeleitet werden:	On va à Marseille? D'accord, on y va.
– indirekte Sachobjekte, die mit à eingeleitet werden	Tu penses à mon livre? Oui, bien sûr, j'y pense.
⚠ **Wenn das indirekte Objekt auf eine Person verweist, bleibt à erhalten. Es folgt ein betontes Personalpronomen.**	Tu penses à tes enfants? Oui, je pense toujours à eux.

4 DIE STELLUNG DER PERSONALPRONOMEN IN AUSSAGESÄTZEN

– Das Subjektpronomen steht vor dem konjugierten Verb.	Nous partons ce soir pour Paris.
– Die Objektpronomen und die Pronomen en und y stehen normalerweise unmittelbar vor dem konjugierten Teil des Verbs, zu dem sie sinngemäß gehören.	Vous connaissez Michel Ferret? Oui, je le connais, mais je ne l'ai pas vu depuis longtemps. Tu as téléphoné à Michel? Oui, je lui ai téléphoné ce matin. Tout à l'heure, Matthieu ne nous a pas dit toute la vérité! Hier, il s'est promené tout l'après-midi, mais aujourd'hui, il ne s'est pas promené du tout. Tu as de l'argent? Non, je n'en ai pas. Tu vas à la librairie? Oui, j'y vais.
⚠ **Bei Infinitivkonstruktionen stehen die Objektpronomen und die Pronomen en und y vor dem Infinitiv, zu dem sie gehören**	Tu as acheté le cadeau pour Charlotte? Non, j'ai oublié, mais je vais l'acheter cet après-midi. Tu as parlé à ton patron? Non, mais je vais lui parler demain. Anne est arrivée. Tu veux lui parler? Excuse-moi, je n'ai pas le temps. Tu peux me rappeler?
⚠ **Im bejahten Imperativsatz stehen die Objektpronomen sowie en und y hinter dem Verb und werden mit Bindestrich an das Verb angeschlossen. Im verneinten Imperativsatz stehen sie vor dem Verb:**	Regarde-le. — Ne le regarde pas. Parle-lui. — Ne lui parle pas. Prends-en. — N'en prends pas. Vas-y. — N'y va pas.

5 DIE BETONTEN PERSONALPRONOMEN

(U12, S. 113)

moi	nous
toi	vous
lui	eux
elle	elles
soi	

Die betonten Personalpronomen werden in folgenden Fällen verwendet:

– zur Hervorhebung des Subjektpronomens	Moi, je voudrais un thé, et toi, qu'est-ce que tu prends?

– zur Hervorhebung des direkten Objektpronomens:	Eux, je ne les connais pas.
– in Sätzen ohne Verb:	Qui peut répondre à la question? Moi.
– nach c'est und ce sont:	Sur la photo, ce sont tes parents? Oui, ce sont eux.
– im bejahten Imperativsatz statt me und te:	Écoute-moi Repose-toi
– nach einer Präposition:	Je pars avec toi./Ce stylo est à moi. On est bien chez soi./Tout le monde travaille pour soi.
– im zweiten Teil eines Vergleichs:	Monique est plus jeune que moi.

⚠ Nach einer Präposition gibt es drei Möglichkeiten in der 3. Person Singular: lui *(il)*, elle *(elle)* und soi in unpersönlichen Aussagen *(on, chacun, tout le monde …)*.

Zusammenfassung:

	Subjekt	direktes Objekt	indirektes Objekt	Reflexiv-pronomen	betonte Pronomen	
1. Person	je / j'	me / m'	me / m'	me / m'	moi	Sing.
2. Person	tu te / t'	te / t'	te / t'	te / t'	toi	
3. Person	il	le / l'	lui	se / s'	lui	
	elle	la / l'	lui	se / s'	elle	
(unpersönlich)	on				soi	
1. Person	nous	nous	nous	nous	nous	Pl.
2. Person	vous	vous	vous	vous	vous	
3. Person	ils	les	leur	se / s'	eux	
	elles	les	leur	se / s'	elles	

3 Die Relativpronomen qui, que und où

(U6, S. 62)

Relativpronomen stehen für Personen oder Sachen. Sie verbinden Sätze miteinander, d.h. sie leiten Relativsätze ein, die Informationen zu im Hauptsatz bereits erwähnten Personen oder Sachen geben. Sie sind unveränderlich. Sie stehen normalerweise unmittelbar hinter der Wortgruppe, die näher beschrieben wird.

– Qui ist Subjekt im Relativsatz. Auf qui folgt meistens das Verb des Relativsatzes.

C'est une maison. Elle a un grand jardin.
→ C'est une maison qui a un grand jardin.
Paul et Marie ont acheté un appartement. Il a une grande terrasse.
→ Paul et Marie ont acheté un appartement qui a une grande terrasse.

– Que ist direktes Objekt im Relativsatz. Auf que folgt meistens das Subjekt des Relativsatzes.	Marie est une collègue. Je la trouve sympathique. → Marie est une collègue que je trouve sympathique. Mes amis Michel et Sophie ont quitté la France. J'aime beaucoup Michel et Sophie. → Mes amis Michel et Sophie, que j'aime beaucoup, ont quitté la France.
– Où steht für Orts- oder Zeitangaben:	Le bureau où il travaille se trouve près de la gare. Le jour où tu viendras, nous ferons la fête.

4 Das Adjektiv

Adjektive beschreiben Personen und Sachen.

1 DIE ANGLEICHUNG DES ADJEKTIVS

Adjektive werden an das Nomen oder Pronomen, das sie näher bestimmen, in Geschlecht und Zahl angeglichen.

1. **Die Adjektive im Singular**
Die feminine Form der Adjektive wird meistens durch ein an die maskuline Form gehängtes -e gebildet. Adjektive, die schon auf -e enden, erhalten kein weiteres -e.

Mask.	Fem.
un vrai champagne	une vraie bière
un train direct	une ligne directe
cet hôtel est calme	cette chambre est calme

⚠ **Durch die Endung -e wird der im Maskulinum nicht hörbare Endkonsonant in der femininen Form ausgesprochen.**

Mask.	Fem.
le grand [grɑ̃] jardin	la grande [grɑ̃d] maison

Einige Adjektive verfügen über besondere Formen:

– Adjektive auf -el, -eil, -et, -on und -en verdoppeln meistens den Endkonsonanten.

Mask.	Fem.
un centre culturel	une activité culturelle
un garçon gentil [ti]	un fille gentille [tij]
un pantalon pareil	une veste pareille
un pull violet	une cravate violette
un bon [bɔ̃] café	une bonne [bɔn] eau
l'océan indien [ɛ̃djɛ̃]	la cuisine indienne [ɛ̃djɛn]

– Adjektive auf -er bilden die feminine Form auf -ère.

Mask.	Fem.
le mois dernier	la semaine dernière

– Adjektive auf -eux bilden die feminine Form auf -euse.

Mask.	Fem.
un livre fabuleux	une histoire fabuleuse

– Adjektive auf -f bilden die feminine Form auf -ve.

Mask.	Fem.
Ce pantalon est neuf.	Cette veste est neuve.

2. Der Plural des Adjektivs
Bei den meisten Adjektiven wird im Plural ein -s angehängt. Dieses -s wird nur geschrieben, aber nicht ausgesprochen.

Singular	Plural
le grand jardin	les grands jardins
Elle est joyeuse.	Elles sont joyeuses.

– Maskuline Adjektive, die im Singular auf -s oder -x enden, erhalten kein weiteres -s im Plural.

Singular	Plural
un livre français	des livres français

– Die meisten Adjektive auf -al haben im Plural der maskulinen Form die Endung -aux. Die entsprechende feminine Form ist regelmäßig.

Singular	Plural
un musée régional	des musées régionaux
la cuisine régionale	les cuisines régionales

3. Unregelmäßige Adjektive und Sonderformen

– Einige Adjektive sind unveränderlich.

des chaussures marron
des vestes orange

– Einige wenige Adjektive haben zwei maskuline Formen im Singular, je nachdem ob das folgende Wort mit einem Konsonanten oder Vokal bzw. stummen h beginnt.

Mask. vor Konsonanten	Mask. vor Vokal / h	Fem.	
un vieux livre	un vieil ami	une vieille robe	Sing.
un beau livre	un bel homme	une belle maison	
un nouveau livre	un nouvel hôtel	une nouvelle ville	

Plural Mask.	Plural Fem.	
des vieux amis	des vieilles robes	Pl.
des beaux hommes	des belles maisons	
des nouveaux hôtels	des nouvelles villes	

2 DIE STELLUNG DES ADJEKTIVS BEIM NOMEN

Die meisten Adjektive werden dem Nomen nachgestellt.

– Adjektive der Farbe und der Nationalität werden generell dem Nomen nachgestellt.

un vin français
des fruits rouges

– Einige häufig gebrauchte Adjektive stehen in der Regel vor dem Nomen: beau / belle, bon / bonne, grand / e, gros / grosse, joli / e, jeune, petit / e, vieux / vieille.

un beau jardin
bon anniversaire!
de / des* vieilles voitures

* bei vorangestellten Adjektiven im Plural kann man sowohl de wie des benutzen.

3 DAS ADJEKTIV TOUT/TOUTE/TOUS/TOUTES

(U11, S. 106)
Das Adjektiv tout, toute, tous, toutes steht vor dem Begleiter des Nomens.

> ⚠ **Die Pluralform des Adjektivs tout im Maskulinum heißt tous** [tu]

> ⚠ **Im Singular hat tout/e die Bedeutung von «ganz».**
> **Im Plural hat tous/toutes die Bedeutung von «alle» bzw. jeder/jede/jedes**

4 DIE STEIGERUNG DES ADJEKTIVS

Adjektive werden gesteigert, wenn man Personen oder Sachen miteinander vergleicht.

1. **Der Komparativ**
   Er wird gebildet, indem man plus/aussi/moins vor das Adjektiv setzt. Das Vergleichswort (im Deutschen *wie* oder *als*) ist immer que.

+ Pierre est plus intelligent que Paul.
= Anne est aussi élégante que Morgane.
– Ma sœur est moins sportive que moi.

> ⚠ **Ein Pronomen im zweiten Teil des Vergleichs ist immer ein betontes Pronomen.**

2. **Der Superlativ**
   Er wird gebildet, indem man der Komparativform den bestimmten Artikel hinzufügt.
   (U4, S. 42)

le la les	plus moins	Adjektiv

> ⚠ **Im Superlativ bleibt normalerweise die Stellung des Adjektivs erhalten.**

C'est la plus vieille maison de la ville.
C'est l'hôtel le moins cher de la région.

3. **Sonderformen des Komparativs und Superlativs**

	bon
Komparativ:	meilleur/e/s
Superlativ:	le/la/les meilleur/e/s

Cette confiture est bonne.
La confiture de ma mère est meilleure.
La confiture de ma grand-mère est la meilleure.

5 Das Adverb

Adverbien geben Umstände an.
Sie beziehen sich

- auf Verben — Elle parle vite.
- auf Adjektive — Elle est vraiment gentille.
- auf andere Adverbien — Il vient très souvent.
- auf ganze Sätze — Normalement, ils viennent le dimanche.

Adverbien sind unveränderlich.

1 URSPRÜNGLICHE ADVERBIEN

Den ursprünglichen Adverbien entsprechen keine Adjektive.

assez, aussi, beaucoup, déjà, encore, hier, ici, parfois, plutôt, souvent, tard, tôt, toujours, très, trop, vite etc.

2 ABGELEITETE ADVERBIEN

1. Abgeleitete Adverbien auf -ment

Bei den Adverbien, die von Adjektiven abgeleitet werden, hängt man an die feminine Form des Adjektivs die Endung -ment an.

lent, lente → lentement: Elle travaille lentement.
actif, active → activement: Il participe activement au cours.
sérieux, sérieuse → sérieusement: Nous parlons sérieusement.

2. Sonderformen

- Adjektive, deren maskuline Form auf einen Vokal endet, leiten das Adverb von dieser Form ab.

vrai → vraiment
absolu → absolument
⚠ gai → gaiement

- Adjektive auf -ant bilden das Adverb auf -amment.

élégant → élégamment
méchant → méchamment

- Adjektive auf -ent bilden das Adverb auf -emment [am].

prudent → prudemment
différent → différemment
impatient → impatiemment

- Einige Adjektive bilden das Adverb auf -ément.

commode → commodément
confus → confusément
énorme → énormément
précis → précisément
profond → profondément

3. Unregelmäßige Formen

bon/ne → bien
mauvais/e → mal
gentil/le → gentiment

3 DIE STEIGERUNG DES ADVERBS

Adverbien werden genauso wie Adjektive mit Hilfe der Wörter plus, aussi oder moins gesteigert, die dem Adverb vorangestellt werden.

1. Der Komparativ

Komparativ:

plus	+	Adverb	+	que	Il roule plus vite que moi.
aussi	+	Adverb	+	que	Elle conduit aussi prudemment que son frère.
moins	+	Adverb	+	que	Je nage moins bien que toi.

2. Der Superlativ

Superlativ:

le plus	+	Adverb	Il roule le plus vite de nous tous.
le moins	+	Adverb	Elle travaille le moins sérieusement de toutes.

3. Adverbien mit unregelmäßigen Steigerungsformen

Adverb	Komparativ	Superlativ
beaucoup	plus	le plus
bien	mieux	le mieux
peu	moins	le moins

6 Das Verb

1 MODUS UND TEMPUS

- Die Modi geben die Einstellung des Sprechers zum Gesagten wieder. Zu den Modi gehören der *Indikativ*, der *Imperativ*, der *subjonctif* und das *conditionnel*.
  - Im *Indikativ* wird das Gesagte als Wirklichkeit dargestellt.
  - Im *Imperativ* werden Befehle und Verbote ausgedrückt.
  - Der *subjonctif* steht nach Ausdrücken des subjektiven Empfindens und der wertenden Stellungnahme (unter anderem nach Ausdrücken der Notwendigkeit, des Willens, des Wunsches, des Gefühls, des Meinens).
  - Das *conditionnel* drückt aus, dass das Gesagte als hypothetisch betrachtet wird oder einer Bedingung unterliegt.

- Die Tempora (Zeitformen) dagegen ordnen eine Handlung bzw. einen Zustand in die Zeit ein: Vergangenheit, Gegenwart oder Zukunft.

2 DIE BILDUNG DER ZEITEN IM INDIKATIV

1. Das Präsens

– Die Konjugation der Hilfsverben aller, avoir und être

avoir	être	aller	
j'ai	je suis	je vais	Präsens
tu as	tu es	tu vas	
il / elle / on a	il / elle / on est	il / elle / on va	
nous avons	nous sommes	nous allons	
vous avez	vous êtes	vous allez	
ils / elles ont	ils / elles sont	ils / elles vont	

– Die regelmäßigen Verben auf -er: Die meisten französischen Verben enden auf -er und sind regelmäßig.

parler
je parle [parl]
tu parles [parl]
il / elle / on parle [parl]
nous parlons [parlɔ̃]
vous parlez [parle]
ils / elles parlent [parl]

Sonderformen bei Verben auf -er

– Verben auf -eler, -eter, -ever: Wenn die Endung hörbar ist, behalten diese Verben das -e vom Stamm; wenn die Endung nicht hörbar ist, wird e zu è [ɛ] oder der letzte Konsonant wird verdoppelt.

Wie acheter wird konjugiert: se lever
Wie *appeler* werden konjugiert: épeler, rappeler

acheter	appeler
j'achète	j'appelle [apɛl]
tu achètes	tu appelles [apɛl]
il/elle/on achète	il/elle/on appelle [apɛl]
nous achetons	nous appelons [aplɔ̃]
vous achetez	vous appelez [aple]
ils/elles achètent	ils/elles appellent [apɛl]

⚠ **Die gleiche Besonderheit zeigen die Verben auf, die ein é als letzten Stammvokal aufweisen: préférer, espérer, régler, répéter.**

je préfère – nous préférons – vous préférez

– Verben auf -ger und -cer: Vor dem o der Endung -ons wird bei den Verben auf -ger ein e eingefügt, bei den Verben auf -cer wird c zu ç.

nous mangeons, nous rangeons, nous changeons
nous commençons

– Verben auf -yer wie essayer, payer, employer etc.

essayer
j'essaie
tu essaies
il/elle/on essaie
nous essayons
vous essayez
ils/elles essaient

- Die regelmäßigen Verben auf -ir (-issons) (U2, S. 26)

choisir
je choisis
tu choisis
il/elle choisit
nous choisissons
vous choisissez
ils/elles choisissent

TIPP

Neue Verben sind immer regelmäßig, sie werden meistens auf -er, einige auf -ir (Typ choisir) gebildet: cliquer, zipper, zoomer, alunir.

Andere Konjugationstypen der Verben auf -ir

- Einige Verben auf -ir wie dormir, partir, sentir, servir und sortir gehören einem anderen Konjugationstyp an. (U1, S. 17)

dormir
je dors
tu dors
il/elle/on dort
nous dormons
vous dormez
ils/elles dorment

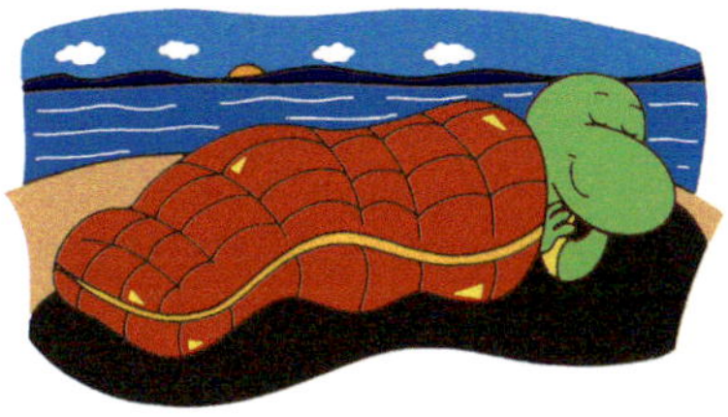

- Einige Verben auf -ir werden wie Verben auf -er konjugiert: cueillir/accueillir, offrir, ouvrir/couvrir/découvrir etc.

offrir
j'offre
tu offres
il/elle/on offre
nous offrons
vous offrez
ils/elles offrent

- Die Verben auf -re wie attendre, descendre, entendre, perdre, rendre etc.

entendre
j'entends
tu entends
il/elle/on entend
nous entendons
vous entendez
ils/elles entendent

- Die Verben auf -eindre, -aindre und -oindre: peindre, craindre, rejoindre

peindre
je peins
tu peins
il/elle/on peint
nous peignons
vous peignez
ils/elles peignent

⚠ Unregelmäßige Verben: siehe Verbtabelle S. 151

2. **Das *imparfait***
(U3, S. 33, 34)
Gebrauch des *imparfait* vgl. S140
Das *imparfait* wird aus dem Stamm der 1. Person Plural Präsens gebildet und den Endungen -ais, -ais, -ait, -ions, -iez, -aient.

⚠ **Einzige Ausnahme: être**

TIPP

Wenn Sie ein neues Verb lernen, merken Sie sich immer die 1. Person Plural des Präsens!

aller	choisir	
nous allons →	nous choisissons →	imparfait
j'allais	je choisissais	
tu allais	tu choisissais	
il/elle/on allait	il/elle/on choisissait	
nous allions	nous choisissions	
vous alliez	vous choisissiez	
ils/elles allaient	ils/elles choisissaient	

être	
j'étais	imparfait
tu étais	
il/elle/on était	
nous étions	
vous étiez	
ils/elles étaient	

3. **Das *futur simple***
(U10, S. 98)

- Das *futur simple* wird aus dem Infinitiv und den Endungen -ai, -as, -a, -ons, -ez, -ont gebildet.

⚠ **Bei den Verben auf -re fällt das -e weg.**

⚠ **Bei den Verben auf -er vom Typ acheter, appeler, préférer und den Verben auf -yer wird der Stamm der 1. Person Singular + -r benutzt: j'achèterai, j'appellerai, je préfèrerai, j'essaierai.**

parler	choisir	entendre	
je parlerai	je choisirai	j'entendrai	futur simple
tu parleras	tu choisiras	tu entendras	
il/elle/on parlera	il/elle/on choisira	il/elle/on entendra	
nous parlerons	nous choisirons	nous entendrons	
vous parlerez	vous choisirez	vous entendrez	
ils/elles parleront	ils/elles choisiront	ils/elles entendront	

TIPP

Die Endungen des *futur* entsprechen den Formen des Verbs avoir im Präsens, außer bei nous (-ons) und vous (-ez).

- Unregelmäßige Formen des *futur simple*
  Die Endungen des *futur* sind immer regelmäßig. Einige Verben haben im *futur* einen unregelmäßigen Stamm:

aller → j'irai
avoir → j'aurai
être → je serai
courir → je courrai
devoir → je devrai
envoyer → j'enverrai
faire → je ferai
pouvoir → je pourrai
savoir → je saurai
tenir → je tiendrai
venir → je viendrai
voir → je verrai
il faut → il faudra
il pleut → il pleuvra

TIPP

Der Stamm des *futur* ist auch immer der Stamm des *conditionnel.*

4. Die zusammengesetzten Zeiten

Gebrauch des *passé composé* vgl. S.140

- Das *passé composé*
  Das *passé composé* wird mit den Hilfsverben avoir oder être und dem Partizip Perfekt des jeweiligen Verbs gebildet. Die Bildung des *passé composé* mit avoir oder être entspricht in etwa der Bildung des deutschen Perfekts mit haben oder sein und dem Partizip.
  - Die meisten Verben bilden das *passé composé* mit avoir.
  - Die reflexiven Verben und einige andere Verben werden mit être gebildet:

aller – venir
arriver – partir
entrer – sortir
passer – rester
monter – descendre
naître – mourir
tomber

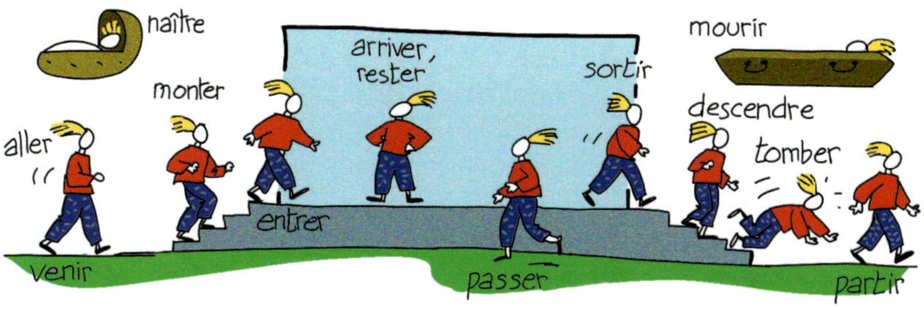

⚠ Der Gebrauch der Hilfsverben avoir und être im *passé composé* entspricht nicht automatisch dem Gebrauch von *haben* und *sein* im deutschen Perfekt, z. B. j'ai été malade: ich bin krank gewesen.

- Die Bildung des Partizip Perfekts
  - Die Verben auf -er bilden das Partizip auf -é: aller → allé, tourner → tourné.
  - Die regelmäßigen Verben auf -ir (-issons). bilden das Partizip auf -i: finir → fini, réfléchir → réfléchi. Ebenso: partir → parti, sortir → sorti
  - Viele Verben auf -re bilden das Partizip auf -u: descendre → descendu, perdre → perdu

⚠ Unregelmäßige Partizipien: siehe Konjugationstabelle S. 150

- Die Angleichung des Partizip Perfekts
  Wenn das *passé composé* mit avoir gebildet wird, bleibt das Partizip meistens unverändert.
  Wenn das *passé composé* mit être gebildet wird, verhält sich das Partizip Perfekt wie ein Adjektiv und wird dem Subjekt angeglichen.

parler	aller	se reposer	
j'ai parlé	je suis allé / e	je me suis reposé / e	Passé composé
tu as parlé	tu es allé / e	tu t'es reposé / e	
il a parlé	il est allé	il s'est reposé	
elle a parlé	elle est allée	elle s'est reposée	
on a parlé	on est allé / s / es	on s'est reposé / s / es	
nous avons parlé	nous sommes allés / es	nous nous sommes reposés / es	
vous avez parlé	vous êtes allé / e / s / es	vous vous êtes reposé / e / s / es	
ils ont parlé	ils sont allés	ils se sont reposés	
elles ont parlé	elles sont allées	elles se sont reposées	

- Das *futur composé*
  Das *futur composé* wird aus den Präsensformen des Hilfsverbs aller und dem Infinitiv des jeweiligen Verbs gebildet.

je vais regarder
tu vas partir
il/elle/on va réfléchir
nous allons nous reposer
vous allez sortir
ils/elles vont dormir

3 DER GEBRAUCH DER ZEITEN IM INDIKATIV

1. Das Präsens

Das Präsens gebraucht man, um auszudrücken, dass eine Handlung in der Gegenwart abläuft. Man verwendet das Präsens zur Beschreibung von Gewohnheiten und für allgemeingültige Feststellungen und Informationen.

Il écoute de la musique (maintenant).
Je fais mes courses deux fois par mois.
Il fait plus chaud sur la côte d'Azur qu'en Bretagne.
La France fait 550 000 km².

2. Die Zeiten der Vergangenheit

(U3, S. 33, 34)

Mit dem *passé composé* und dem *imparfait* wird vergangenes Geschehen geschildert.

- Das *imparfait* wird verwendet, um auszudrücken, dass
  - das Geschehen in seiner Dauer betrachtet wird, ohne dass Anfang und Ende genau festgelegt werden;

    Quand j'étais petite, je ne portais pas de lunettes.
  - das Geschehen sich häufig wiederholt hat.

    Le dimanche, nous allions chez nos grands-parents.

- Das *passé composé* wird verwendet, um auszudrücken, dass
  - das Geschehen abgeschlossen ist;

    Nous avons regardé un film à la télévision.
  - das Geschehen einmalig ist bzw. sich nicht gewohnheitsmäßig wiederholt.

    Dimanche dernier, nous sommes allés chez nos grands-parents.

- In einer Erzählung ergänzen sich *imparfait* und *passé composé*:
  - Das imparfait verwendet man, um Hintergrundinformationen (Umstände, Situation, Zustand, Erklärungen, Kommentare), die für das Verständnis wichtig sind, anzugeben.
  - Das *passé composé* verwendet man, um die eigentliche Handlung zu erzählen, die meist aus einer Folge von einzelnen, abgeschlossenen Ereignissen besteht.

Pierre habitait en Bretagne et tout allait bien. Mais un jour, son entreprise a fermé et il a perdu son travail.
Il n'avait plus d'argent, alors, il a loué sa maison.
Il est parti pour Paris parce qu'il avait des amis qui pouvaient l'aider. Il a trouvé un emploi chez Peugeot.

- Auch in einzelnen Sätzen können beide Zeiten nebeneinander verwendet werden:
  - Beide Handlungen verlaufen parallel. Anfang und Ende sind unwichtig.

Elle lisait et écoutait de la musique.

- Eine Hintergrundshandlung (im *imparfait*), die unterbrochen wird (*passé composé*).
- Mehrere abgeschlossene Handlungen folgen aufeinander.

Elle lisait quand j'ai téléphoné.

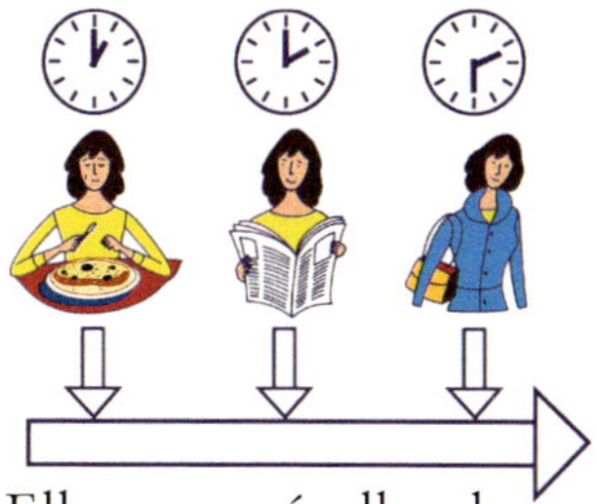
Elle a mangé, elle a lu le journal, elle est sortie.

3. Die Zukunft

- Das *futur composé* drückt ein Vorhaben oder eine in einer nahen Zukunft stattfindende Handlung (bzw. Zustand) aus. In der gesprochenen Sprache wird *futur composé* oft statt *futur simple* gebraucht:

  Après le travail, je vais rentrer à la maison.
  Je vais prendre un café, puis je vais faire les courses.

- Das *futur simple* wird verwendet:
  - zur Schilderung künftiger Ereignisse;
  - im Bedingungssatz, wenn die Bedingung als realisierbar angesehen wird.

  Je ferai les courses samedi.
  Si tu viens, on ira au cinéma.

4 DER IMPERATIV

(U9, S. 89)

Man verwendet den Imperativ, wenn man jemanden auffordern will, etwas zu tun.

1. Die Bildung des Imperativs

Die 2. Person Singular des Imperativs ist identisch mit der 1. Person Singular Präsens des Indikativs ohne Subjektpronomen. Die 2. Person Plural des Imperativs ist identisch mit der 2. Person Plural Präsens des Indikativs ohne Subjektpronomen.

Ouvre la fenêtre, s'il te plaît.
Réfléchis avant de parler.
Tu as mal à la tête? Alors, tiens, prends ce comprimé.

Pour aller à Versailles? Prenez le RER.

> ⚠ **Sonderformen: aller → va, allez**
> **être → sois, soyez**

Va vite au supermarché, il ferme dans dix minutes.
Sois gentil, range ta chambre, s'il te plaît.
Soyez tranquille, tout se passera bien.

2. Der Imperativ mit einem Objektpronomen.

- Beim bejahten Imperativ steht das Pronomen nach dem Verb und wird mit einem Bindestrich an das Verb angehängt.

  Tu dois prendre ce comprimé, alors, avale-le.
  Paul a des problèmes, parle-lui.

> ⚠ **Die Formen me/te des Objekt- bzw. des Reflexivpronomens in der 1. und 2. Person Singular werden durch moi/toi ersetzt.**

Écoute-moi / Écoutez-moi.
Repose-toi / Reposez-vous.

- Beim verneinten Imperativ bleiben die Form des Objekt- bzw. des Reflexivpronomens me/te und die normale Wortstellung erhalten:

  Ne me regarde pas comme ça.
  Tu es fatigué, ne te lève pas aussi tôt.

⚠ **Vor den Pronomen en und y wird den Singularformen, die mit einem Vokal enden, ein s angehängt.**

Il n'y a plus d'eau minérale, achètes-en s'il te plaît.
On t'attend au bureau, vas-y vite.
Tu as de jolies fleurs. Offres-en à tes amies.

5 DER SUBJONCTIF

1. Die Bildung des *subjonctif*

(U7, S. 70)

Der *subjonctif* wird aus dem Stamm der 3. Person Plural Präsens des Indikativs und den Endungen -e, -es, -e, -ions, -iez, -ent gebildet.
Im *subjonctif* steht die Konjunktion que meistens dem Verb voran.

regarder → ils regardent	choisir → ils choisissent	entendre → ils entendent	
que je regarde	que je choisisse	que j'entende	subjonctif
que tu regardes	que tu choisisses	que tu entendes	
qu'il / elle / on regarde	qu'il / elle / on choisisse	qu'il / elle / on entende	
que nous regardions	que nous choisissions	que nous entendions	
que vous regardiez	que vous choisissiez	que vous entendiez	
qu'ils / elles regardent	qu'ils / elles choisissent	qu'ils / elles entendent	

⚠ **Verben, die in der 1. und 2. Person Plural Präsens des Indikativs einen 2. Stamm haben, behalten diesen in der 1. und 2. Person Plural des *subjonctif*.**

Infinitiv	Indikativ Präsens	subjonctif
acheter	ils achètent	que j'achète
	nous achetons	que nous achetions
prendre	ils prennent	que je prenne
	nous prenons	que nous prenions
venir	ils viennent	que je vienne
	nous venons	que nous venions

2. Unregelmäßige Verben

- Die Verben avoir und être haben sowohl einen unregelmäßigen Stamm als auch unregelmäßige Endungen:

avoir	être
que j'aie	que je sois
que tu aies	que tu sois
qu'il / elle / on ait	qu'il / elle / on soit
que nous ayons	que nous soyons
que vous ayez	que vous soyez
qu'ils / elles aient	qu'ils / elles soient

- Die anderen unregelmäßigen Verben haben alle regelmäßige Endungen:

aller → que j'aille, que nous allions
faire → que je fasse, que nous fassions
pouvoir → que je puisse, que nous puissions
savoir → que je sache, que nous sachions
vouloir → que je veuille, que nous voulions

3. Der Gebrauch des *subjonctif*

(U7, S. 70; U8, S. 78; U10, S. 98)

Der *subjonctif* steht im Nebensatz nach folgenden Auslösern:
- il faut que
- aimer que
- vouloir que
- nach den Konjunktionen pour que und bien que
- nach Verben der Meinungsäußerung, wenn sie verneint sind: (ne pas) penser que, (ne pas) croire que, (ne pas) être sûr/e que etc.

Il faut que j'aille chez le dentiste.
J'aimerais que tu réfléchisses à cette question.
Il voudrait que nous venions dimanche.
Je te dirai l'heure d'arrivée du train pour que tu puisses venir me chercher.
Il est allé au bureau bien qu'il soit malade.
Je pense/Je crois qu'il viendra lundi.
Aber: Je ne pense pas/Je ne crois pas qu'il vienne lundi.
Je suis sûr qu'elle fera bien son travail.
Aber: Je ne suis pas sûr qu'elle fasse bien son travail.

6 DAS CONDITIONNEL

1. Die Bildung des *conditionnel*

Das *conditionnel* wird aus dem Infinitiv und den Endungen des *imparfait* gebildet. Die Endungen des *conditionnel* sind immer regelmäßig. Der Stamm ist immer identisch mit dem des *futur simple*.

⚠ **Verben mit unregelmäßigem Stamm: siehe *futur simple* § 6.2.3**

regarder	choisir	entendre	
je regarderais	je choisirais	j'entendrais	conditionel
tu regarderais	tu choisirais	tu entendrais	
il/elle/on regarderait	il/elle/on choisirait	il/elle/on entendrait	
nous regarderions	nous choisirions	nous entendrions	
vous regarderiez	vous choisiriez	vous entendriez	
ils/elles regarderaient	ils/elles choisiraient	ils/elles entendraient	

2. Der Gebrauch des *conditionnel*

(U2, S. 25; U9, S. 90; U11, S. 105)

Das *conditionnel* wird verwendet

- als Höflichkeitsform;

Pourriez-vous ouvrir la fenêtre, s'il vous plaît?
Je voudrais un café, s'il vous plaît.

- um Ratschläge zu geben;

Tu devrais te reposer.

- um Wünsche, Hypothesen und Möglichkeiten auszudrücken;

Je prendrais bien un café (si c'est possible).
Il aimerait aller en Chine (s'il y a une possibilité).

- im Bedingungssatz, wenn die Bedingung sich auf die Gegenwart oder die Zukunft bezieht und als nicht realisierbar angesehen wird. Im Nebensatz wird in diesem Fall das *imparfait* verwendet.

S'il faisait beau (mais il ne fait pas beau), j'irais me promener.
Si j'étais riche (aujourd'hui ou un jour), je ferais le tour du monde.

7 Der Satz

1 DER AUSSAGESATZ

Die normale Stellung der Satzteile in einem Aussagesatz ist: Subjekt – Verb – Ergänzungen. Das Subjekt steht meistens vor dem Verb.

Hier, Christine a pris un thé avec ses amies à la terrasse d'un café.

2 DER VERNEINTE SATZ

(U11, S. 106)

– Die Verneinung besteht aus zwei Teilen:

ne ... pas	Il ne visite pas Lyon.
ne ... plus	Odile n'habite plus à Paris.
ne ... jamais	Elle ne boit jamais d'alcool.
ne ... rien	Tu ne m'as rien dit.
ne ... que	Le TGV ne met que deux heures pour aller de Paris à Lyon.
ne ... personne	Je n'ai rencontré personne sur mon chemin.
ne ... ni ... ni ...	Cet enfant n'aime ni les légumes ni les fruits.

– **Ne** steht vor dem konjugierten Verb, der zweite Teil der Verneinung nach dem Verb:

Nous n'allons pas nous promener.
Ils n'ont pas fini leur travail.

TIPP

In der gesprochenen Sprache wird das ne häufig nicht gesprochen.

⚠ **Der unbestimmte Artikel un, une, des wird im verneinten Satz durch de ersetzt.**

Vous avez une cigarette?
Non, je n'ai plus de cigarettes.

⚠ **Personne und rien können auch Subjekt des Satzes sein und stehen dann vor dem Verb.**

Rien ne va plus.
Personne n'est venu.

⚠ **Personne und rien können auch mit einer anderen Verneinung verwendet werden.**

Il ne dit jamais rien.
Rien ne marche jamais.
Il ne voit plus personne.
Personne ne vient plus le voir.

⚠ **Der Begleiter aucun/e wird immer von ne begleitet.**

Vous ne lisez aucun journal?

TIPP

Als Pronomen kann aucun/e auch Subjekt eines Satzes sein.

J'ai lu plusieurs romans de Jean Échenoz, mais aucun ne me plaît.

3 DER FRAGESATZ

1. Die Entscheidungsfrage

Eine Entscheidungsfrage wird mit *ja* oder *nein* beantwortet.
Es gibt mehrere Möglichkeiten, Entscheidungsfragen zu bilden:

- indem der Aussagesatz mit steigender Intonation gesprochen wird.

  Tu as vu le dernier film de Chabrol?

- indem est-ce que vor den Aussagesatz gestellt wird. Die Frage mit est-ce que kann sowohl in der gesprochenen als auch in der geschriebenen Sprache verwendet werden.

  Est-ce que tu as vu le dernier film de Chabrol?

- indem das Subjekt (meist Pronomen) dem Verb nachgestellt wird. Diese Inversionsfrage wird bei feststehenden Ausdrücken und in der Schriftsprache verwendet. Verb und Pronomen werden mit Bindestrich verbunden.

  As-tu vu le dernier film de Chabrol?

2. Die Teilfrage

Auf Teilfragen erwartet man bestimmte Angaben, z. B. die Nennung eines Ortes, eines Zeitpunkts, einer Begründung, usw. Sie wird mit einem Fragewort gebildet.

- Fragewörter:

  qui?, qu'est-ce que?, qu'est-ce qui?, où?, quand?, comment?, pourquoi?, combien? etc.

- Teilfragen können auf verschiedene Weisen gebildet werden:
  - indem das Fragewort an das Satzende gestellt wird. Diese Frage wird mit fallender Intonation gesprochen. Sie wird nur in der Umgangssprache verwendet.

    Vous restez combien de temps?

  - indem das Fragewort + est-ce que an den Anfang des Satzes gestellt wird. Die Frage mit est-ce que wird sowohl in der gesprochenen als auch in der geschriebenen Sprache verwendet.

    Pourquoi est-ce que vous ne venez pas?

  - indem wie im Deutschen das Fragewort vor und das Subjekt (Pronomen) hinter das Verb gestellt werden. Diese Inversionsfrage wird bei feststehenden Ausdrücken und in der geschriebenen Sprache verwendet. Verb und Pronomen werden mit Bindestrich verbunden.

    Comment allez-vous à votre travail?

⚠ **Wenn das Subjekt ein Nomen ist, wird dieses in der Regel durch das entsprechende Personalpronomen wiederholt.**

Ton frère est-il arrivé hier ou ce matin?
Quand ton frère veut-il venir?

3. Die Fragen mit qui, qu'est-ce qui, qu'est-ce que

(U7, S. 69)

- Die Frage mit qui bezieht sich auf eine Person. Mit qui fragen Sie nach dem Subjekt oder der Objektergänzung des Verbs.

Qui est malade? – Jacques est malade
Qui attendez-vous? – J'attends mon amie.

- Die Frage mit qu'est-ce qui oder qu'est-ce que bezieht sich auf eine Sache.
  - mit qu'est-ce qui fragen Sie nach dem Subjekt des Verbs.
  - mit qu'est-ce que fragen Sie nach der Objektergänzung des Verbs.

Qu'est-ce qui ne marche pas? – La photocopieuse ne marche pas.
Qu'est-ce que vous attendez? – J'attends le bus.

4. Das Fragewort quel/quelle/quels/quelles

Das Fragewort quel wird dem Nomen angeglichen, auf das es sich bezieht. Quel kann direkt vor dem Nomen stehen oder von diesem durch das Verb être getrennt sein.

Quelle région française préférez-vous?
Quelle est votre adresse?
À quelle heure est-ce que vous partez?

4 DER NEBENSATZ

Nebensätze liefern zusätzliche Informationen, die den Hauptsatz präzisieren. Sie stehen daher selten allein und werden mit dem Hauptsatz durch Relativpronomen oder Konjunktionen verbunden.

TIPP

Im Gegensatz zum Deutschen ist die Wortstellung im Nebensatz dieselbe wie im Hauptsatz (im Allgemeinen: Subjekt – Verb – Ergänzungen).

1. Der Relativsatz

(Siehe auch § 3)

Der Relativsatz wird mit dem Hauptsatz durch ein Relativpronomen (qui, que, où) verbunden. Der Relativsatz folgt unmittelbar dem Wort, worauf er sich bezieht.

L'hôtel où nous avons logé était très agréable.
Claude, que tu as rencontré chez moi, est mon meilleur ami.

2. Der Bedingungssatz
(U11, S. 105; U12, S. 113)
(Siehe *conditionnel*, § 6.6.2)

- Der Bedingungssatz wird mit si eingeleitet. Man unterscheidet
  - reale Bedingungen (die Bedingung wird für erfüllbar gehalten)
  - und irreale Bedingungen (die Bedingung wird für unrealistisch bzw. kaum erfüllbar gehalten).

Beide Bedingungssätze beziehen sich auf die Gegenwart oder die Zukunft.

S'il fait beau, j'irai me promener.

S'il faisait beau (mais il ne fait pas beau), j'irais me promener.

TIPP

Der Bedingungssatz steht nicht unbedingt vor dem Hauptsatz, die umgekehrte Reihenfolge ist genauso möglich.

Je ferais le tour du monde si je gagnais au loto.

- In Bedingungssätzen gilt folgende Zeitenfolge:

	Bedingungssatz	Hauptsatz
reale Bedingung	*si + Präsens* Si tu veux,	*futur simple* on ira au cinéma.
	Si vous venez,	*futur composé* on va dîner ensemble.
	Si tu veux,	*Präsens* je peux te montrer mes photos.
	Si vous venez,	*Imperativ* apportez vos photos.
irreale Bedingung	*si + imparfait* Si je gagnais au loto,	*conditionnel* je ferais le tour du monde.

⚠ Im Gegensatz zum Deutschen verwendet man im Bedingungssatz (Nebensatz) nie *futur* oder *conditionnel*.

⚠ Si wird vor il und ils zu s' verkürzt.

TIPP

Dem deutschen *wenn* entsprechen im Französischen zwei Konjunktionen: quand und si.
Quand gibt eine zeitliche Angabe und kann mit *jedes Mal, wenn* übersetzt werden.
Si drückt eine Bedingung aus und kann mit *falls* übersetzt werden.

3. Andere Nebensätze
Wichtige Konjunktionen, die einen Nebensatz einführen:

parce que: *weil*, quand: *wenn*, dès que: *sobald*, puisque: *da*
comme: *da*, pendant que: *während*, tandis que: *während*
bien que: *obwohl*, pour que: *damit*

⚠ bien que und pour que lösen den *subjonctif* im Nebensatz aus.

Elle est arrivée en retard parce qu'elle a manqué son train.
Elle est allée au bureau bien qu'elle soit malade.
J'ai acheté ce livre pour que tu le lises.

8 Die Zahlen

1 DIE GRUNDZAHLEN

(*Perspectives*, Band 1, U2, S. 24; U4, S. 37; U7, S. 65)

⚠ **Im Unterschied zum Deutschen sind die französischen Zahlen männlich.**

Schreibweise:
Zehner- und Einerzahlen werden durch einen Bindestrich verbunden, es sei denn et steht dazwischen: vingt et un, vingt-deux.
Vingt und cent haben eine Pluralform, wenn sie als letzte Zahl stehen. Folgt eine weitere Zahl, entfällt das Plural -s: quatre-vingts aber: quatre-vingt-deux; deux cents aber: deux cent un.
mille ist unveränderlich: dix mille.
million ist ein Nomen und wird im Plural mit -s geschrieben.

Aussprache:
- alleinstehend: 6 [sis], 8 [ɥit], 9 [nœf], 10 [dis], der Endkonsonant wird ausgesprochen
- vor Vokal oder stummem h: 6 heures [sizœr], 8 heures [ɥitœr], 9 heures [nœvœr], 10 heures [dizœr], 20 heures [vɛ̃tœr], es erfolgt eine Bindung
- vor Konsonant: 6 cafés [sikafe], 8 cafés [ɥikafe], 9 cafés [nœfkafe], 10 cafés [dikafe], 20 cafés [vɛ̃kafe], der Endkonsonant wird nicht ausgesprochen

⚠
- **20 [vɛ̃], das t von vingt wird nur von 21–29 ausgesprochen.**
- **Bei femininen Nomen wird un zu une: vingt et une heures.**

TIPP

Zahlen zwischen 1100 und 1999 können auf zweifache Weise gesprochen werden.
1789: mille sept cent quatre-vingt-neuf, dix-sept cent quatre-vingt-neuf
1500: mille cinq cents, quinze cents
1200: mille deux cents, douze cents

0 zéro [zero]
1 un (une) [ɛ̃] [yn]
2 deux [dø]
3 trois [trwa]
4 quatre [katr]
5 cinq [sɛ̃k]
6 six [sis]
7 sept [sɛt]
8 huit [ɥit]
9 neuf [nœf]
10 dix [dis]
11 onze [ɔ̃z]
12 douze [duz]
13 treize [trɛz]
14 quatorze [katɔrz]
15 quinze [kɛ̃z]
16 seize [sɛz]
17 dix-sept [disɛt]
18 dix-huit [dizɥit]
19 dix-neuf [diznœf]
20 vingt [vɛ̃]
21 vingt et un (une) [vɛ̃teɛ̃] [vɛ̃teyn]
22 vingt-deux [vɛ̃tdø]
23 vingt-trois [vɛ̃ttrwa]
24 vingt-quatre [vɛ̃tkatr]
25 vingt-cinq [vɛ̃tsɛ̃k]
26 vingt-six [vɛ̃tsis]
27 vingt-sept [vɛ̃tsɛt]
28 vingt-huit [vɛ̃tɥit]
29 vingt-neuf [vɛ̃tnœf]
30 trente [trɑ̃t]
40 quarante [karɑ̃t]
50 cinquante [sɛ̃kɑ̃t]
60 soixante [swasɑ̃t]
70 soixante-dix [swasɑ̃tdis]
71 soixante et onze [swasɑ̃teɔ̃z]
72 soixante-douze [swasɑ̃tduz]
73 soixante-treize [swasɑ̃ttrɛz]
74 soixante-quatorze [swasɑ̃tkatɔrz]
75 soixante-quinze [swasɑ̃tkɛ̃z]
76 soixante-seize [swasɑ̃tsɛz]
77 soixante-dix-sept [swasɑ̃tdisɛt]
78 soixante-dix-huit [swasɑ̃tdizɥit]
79 soixante-dix-neuf [swasɑ̃tdiznœf]
80 quatre-vingts [katrəvɛ̃]
81 quatre-vingt-un (une) [katrəvɛɛ̃] [katrəvɛ̃yn]
82 quatre-vingt-deux [katrəvɛ̃dø]
90 quatre-vingt-dix [katrəvɛ̃dis]
91 quatre-vingt-onze [katrəvɛ̃ɔ̃z]
92 quatre-vingt-douze [katrəvɛ̃duz]
100 cent [sɑ̃]
102 cent deux [sɑ̃dø]
200 deux cents [døsɑ̃]
201 deux cent un [døsɑ̃ɛ̃]
1000 mille [mil]
1001 mille un [milɛ̃]
2000 deux mille [dømil]
100 000 cent mille [sɑ̃mil]
1 000 000 un million [ɛ̃miljɔ̃]
2 000 000 deux millions [dømiljɔ̃]

2 DIE ORDNUNGSZAHLEN

(*Perspectives*, Band 1, U6, S. 60)

Die Ordnungszahlen bildet man, indem man an die Grundzahlen die Endung -ième anhängt.
Endet die Grundzahl auf -e, fällt dieses bei der Ordnungszahl weg: onze, onzième.
Ausnahme: premier, première.
Analog zu premier, première wird dernier, dernière *(letzte, r, s)* gebildet.

le 1er, la 1ère	le premier / la première
le / la 2ème	le / la deuxième
le / la 3ème	le / la troisième
le / la 4ème	le / la quatrième
le / la 5ème	le / la cinquième
le / la 6ème	le / la sixième
le / la 7ème	le / la septième
le / la 8ème	le / la huitième
le / la 9ème	le / la neuvième
le / la 10ème	le / la dixième
le / la 11ème	le / la onzième
le / la 20ème	le / la vingtième
le / la 21ème	le / la vingt et unième
le / la 100ème	le / la centième

⚠ le oder la vor huitième und onzième werden nicht zu l' verkürzt: la huitième, le onzième

⚠ Im Französischen wird das Datum mit der Grundzahl angegeben. Ausnahme: le premier mai / avril …

le deux mai, le 3 juin, jusqu'au 31 décembre, du 4 au 21 juin,
le premier janvier, le premier mai, du 1er avril au 8 mai

9 Die Uhrzeit

Wie das Deutsche unterscheidet das Französische zwischen umgangssprachlicher und offizieller Zeitangabe.

In der Umgangssprache werden die Minuten bis halb zu der vergangenen vollen Stunde dazugezählt. Ab halb werden sie von der nächsten vollen Stunde abgezogen.
Dementsprechend werden et quart und et demie zur vergangenen Stunde hinzugezählt und moins le quart von der folgenden Stunde abgezogen.
Bei Unklarheit kann man die umgangssprachliche Uhrzeit ergänzen:
von 1 Uhr bis Mittag mit du matin (morgens),
von Mittag bis 17 Uhr mit de l'après-midi (nachmittags),
von 18 Uhr bis Mitternacht mit du soir (abends).

Il est …	1h00	une heure (du matin / de l'après-midi)
	2h05	deux heures cinq
	4h15	quatre heures et quart
	6h00	six heures (du matin / du soir)
	6h25	six heures vingt-cinq
	7h30	sept heures et demie
	7h35	huit heures moins vingt-cinq
	9h45	dix heures moins le quart
	10h50	onze heures moins dix
	11h55	midi moins cinq / minuit moins cinq
	12h00	minuit / midi
	12h30	minuit et demi / midi et demi

Demie verliert das -e nach midi und minuit: midi et demi.

Die offizielle Zeitangabe erfolgt analog zum Deutschen.

14h17	quatorze heures dix-sept
12h15	douze heures quinze
00h00	zéro heure
07h25	sept heures vingt-cinq

10 Konjugationstabelle der unregelmäßigen Verben

Die Hilfsverben avoir, être und aller

avoir	être	aller
j'ai	je suis	je vais
tu as	tu es	tu vas
il/elle/on a	il/elle/on est	il/elle/on va
nous avons	nous sommes	nous allons
vous avez	vous êtes	vous allez
ils/elles ont	ils/elles sont	ils/elles vont
passé composé		
j'ai eu	j'ai été	je suis allé/e
conditionnel		
j'aurais	je serais	j'irais
futur simple		
j'aurai	je serai	j'irai
subjonctif		
que j'aie	que je sois	que j'aille
que tu aies	que tu sois	que tu ailles
qu'il/elle/on ait	qu'il/elle/on soit	qu'il/elle/on aille
que nous ayons	que nous soyons	que nous allions
que vous ayez	que vous soyez	que vous alliez
qu'ils/elles aient	qu'ils/elles soient	qu'ils/elles aillent

Sonderformen der Verben auf -er, -ir, aindre, -eindre und -oindre siehe S. 136, 137

Unregelmäßige Verben

apercevoir
j'aperçois
nous apercevons
ils/elles aperçoivent
passé composé: j'ai aperçu
conditionnel: j'apercevrais
futur simple: j'apercevrai

boire
je bois
nous buvons
ils/elles boivent
passé composé: j'ai bu

conduire
je conduis
nous conduisons
ils/elles conduisent
passé composé: j'ai conduit

connaître
je connais
il/elle/on connaît
nous connaissons
ils connaissent
passé composé: j'ai connu

construire wie conduire

courir
je cours
nous courons
ils/elles courent
passé composé: j'ai couru
conditionnel: je courrais
futur simple: je courrai

croire
je crois
nous croyons
ils/elles croient
passé composé: j'ai cru

décevoir wie apercevoir

décrire wie écrire

devoir
je dois
nous devons
ils/elles doivent
passé composé: j'ai dû
conditionnel: je devrais
futur simple: je devrai

dire
je dis
nous disons
vous dites (⚠ contredire: vous contredisez)
ils/elles disent
passé composé: j'ai dit

écrire
j'écris
nous écrivons
ils écrivent
passé composé: j'ai écrit

envoyer
j'envoie
nous envoyons
ils/elles envoient
passé composé: j'ai envoyé
conditionnel: j'enverrais
futur simple: j'enverrai

faire
je fais
nous faisons
vous faites
ils / elles font
passé composé: j'ai fait
conditionnel: je ferais
futur simple: je ferai
subjonctif: que je fasse

il faut
passé composé: il a fallu
conditionnel: il faudrait
futur simple: il faudra
subjonctif: qu'il faille

lire
je lis
nous lisons
ils / elles lisent
passé composé: j'ai lu

mettre
je mets
nous mettons
ils / elles mettent
passé composé: j'ai mis

wie **mettre** auch **promettre, permettre ...**

paraître wie connaître

plaire
je plais
il / elle / on plaît
nous plaisons
ils / elles plaisent
passé composé: j'ai plu

pleuvoir
il pleut
passé composé: il a plu
conditionnel: il pleuvrait
futur simple: il pleuvra
subjonctif: qu'il pleuve

pouvoir
je peux
nous pouvons
ils / elles peuvent
passé composé: il a pu
conditionnel: je pourrais
futur simple: je pourrai
subjonctif: que je puisse

prendre
je prends
nous prenons
ils / elles prennent
passé composé: j'ai pris

recevoir wie apercevoir

savoir
je sais
nous savons
ils / elles savent
passé composé: j'ai su
conditionnel: je saurais
futur simple: je saurai
subjonctif: que je sache

s'asseoir
je m'assois
tu t'assois
il / elle / on s'assoit
nous nous asseyons
vous vous asseyez
ils / elles s'assoient
passé composé: je me suis assis / e
conditionnel: je m'assiérais
futur simple: je m'assiérai

tenir
je tiens
nous tenons
ils / elles tiennent
passé composé: j'ai tenu
conditionnel: je tiendrais
futur simple: je tiendrai

wie **tenir** auch **obtenir, apartenir ...**

venir
je viens
nous venons
ils / elles viennent
passé composé: je suis venu / e
conditionnel: je viendrais
futur simple: Je viendrai

wie **venir** auch **devenir, prévenir, souvenir, revenir ...**

vivre
je vis
nous vivons
ils / elles vivent
passé composé: j'ai vécu

voir
je vois
nous voyons
ils / elles voient
passé composé: j'ai vu
conditionnel: je verrais
futur simple: je verrai

vouloir
je veux
nous voulons
ils / elles veulent
passé composé: j'ai voulu
conditionnel: je voudrais
futur simple: je voudrai

BIENVENUE

Übung 4, S. 9

▲ Bonjour, Elisabeth Moreau, bienvenue dans notre émission «La France des Français à l'étranger». Je vous présente à nos auditeurs. Vous êtes française donc, vous êtes journaliste, vous travaillez pour un grand magazine français. Vous vivez en Allemagne.
● Absolument. J'habite à Berlin.
▲ La France, pour vous, qu'est-ce que c'est?
● Oh là là! La France ... Euh ... Spontanément ... La France, c'est d'abord la langue, le français, c'est pouvoir parler normalement, c'est comprendre les gens tout de suite. C'est rire des mêmes choses, des mêmes plaisanteries.
▲ Oui. Mais est-ce que vous avez une France ... plus personnelle?
● Une France à moi? Eh bien, ma France à moi, c'est ma famille, mes amis, ce sont les lieux de vacances, des souvenirs. Et puis, j'ai ma France de carte postale: c'est ... c'est le vent et le goût du sel sur une plage de Normandie, c'est la mer, les randonnées à pied sur la côte.
▲ Vous pensez aussi à une ville quand vous pensez à la France?
● Bien sûr! MA ville, c'est Paris. Et Paris, pour moi – ne riez pas – c'est d'abord son métro, l'odeur unique, on peut dire le parfum unique de son métro! Bon, mon Paris, c'est aussi le musée Rodin – j'adore Rodin – et le pont des Arts, sur la Seine ... peut-être parce que c'est l'endroit de mes premiers rendez-vous amoureux d'étudiante.
▲ Vous habitez à Berlin. Qu'y a-t-il de français pour vous à Berlin?
● On pense tout de suite au parc Monbijou, au Gendarmenmarkt, au französischer Dom, avec son musée sur les huguenots et son restaurant. Mais ... je connais aussi une petite île française à Berlin, le Saint-Germain, un vrai restaurant français, avec un chef de Marseille. C'est mon refuge quand j'ai des problèmes, quand je suis un peu triste ... et puis, bien sûr, tout le monde connaît Sanssouci à Potsdam.
▲ Et chez vous?
● Chez moi? Deux choses essentielles, la base de la vie du Français à l'étranger: une cocotte et un livre de cuisine.
▲ Votre France, votre image de la France est très sensuelle ...
● Comme moi: intellectuelle dans le travail, sensuelle dans la vie. C'est le secret du bonheur.
▲ Belle conclusion! Elisabeth, merci d'avoir participé à notre émission «La France des Français à l'étranger».

UNITÉ 1 LE TEMPS LIBRE

Auftaktseite, Übung 1, S. 11

Allô? Christine? Où es-tu? Je t'attends. Tu n'as pas oublié notre rendez-vous quand même? Que fais-tu? Christine, allô!

UNITÉ 2 ÇA ME VA!

Übung 5, S. 21

1. Mon pull est sale.
2. Chérie, où est ma chemise?
3. Je t'invite au restaurant.
4. Oh, mais elle fait 10 tonnes, cette table!
5. Comment tu trouves ces chaussures?

Übung 8, S. 22

▲ Bonjour Madame.
● Je peux vous aider?
▲ Oui, avec plaisir. Regardez! J'ai besoin d'un costume, d'une chemise et d'une cravate. À mettre tout de suite: j'ai un entretien d'embauche dans une heure!
● Je vois. Venez avec moi!
Tenez, nous avons un très beau modèle en laine, plutôt classique pour un prix très raisonnable. Comment trouvez-vous ce costume gris?
▲ Oui, j'aime assez. Je vais l'essayer.
● Vous faites quelle taille?
▲ Du 48 pour la veste et du 42 pour le pantalon.
● Voilà! Vous choisissez peut-être une chemise avant d'essayer?
▲ Euh, oui!
● Quelle couleur voulez-vous?
▲ Blanc. C'est bien, non?
● Ce n'est pas un peu trop classique? Attendez, je réfléchis ...Que pensez-vous de cette chemise verte et de cette cravate en soie, elle est très jolie et ça va très bien ensemble.
▲ D'accord, j'essaie tout ça. Où sont les cabines?
● Sur la droite, Monsieur.
▲ Vous me trouvez comment?
● Le pantalon est trop serré. Ça vous grossit un peu.
▲ Oui vous avez raison. Vous n'auriez pas la taille au dessus?
● Si. Je reviens.
▲ Alors, ça me va bien?
● Superbe! C'est élégant, mais pas trop sévère. Ça fait sérieux et dynamique!
▲ Bon, alors je prends le tout! Pourriez-vous enlever les étiquettes, s'il vous plaît? Je garde tout sur moi!
● Pas de problème, Monsieur.

Übung 12, S. 23

Oh vous savez ici, les gens viennent, ils choisissent un modèle, ils réfléchissent pendant des heures, puis ils partent sans rien.
Moi, je finis normalement ma journée à 20 heures, mais je ne sors jamais du magasin avant 20 heures 30.

UNITÉ 3 LE PASSÉ RETROUVÉ

Auftaktseite, Übung 1, S. 27

Là, c'était à Paris. J'avais 17 ans et j'étais avec Patricia, une fille super. J'avais un vélo.
Ici, j'avais 23 ans. J'étais avec Danièle. Elle était sympa. J'avais une coccinelle. C'était à La Rochelle.
Quand j'avais 32 ans, j'étais souvent en voyage d'affaires avec Laurence.
Là, c'était en Suisse. Regarde, j'avais une voiture fabuleuse!
Oh là là! C'était en Bretagne. Ma femme et moi, on avait 40 ans. Les enfants étaient jeunes. On était toujours dans le même petit hôtel à côté du port. Et on avait une voiture familiale ...
Bon, là, c'était la semaine dernière, avec les copines de mes fils, dans notre maison de campagne en Normandie. Et j'ai 54 ans ...

UNITÉ 4 UN PEU DE CULTURE

Übung 5, S. 37

● Pourquoi les quatre éléments de la nature?
▲ Avec les quatre éléments, j'essaie de montrer l'harmonie entre la nature et nous.
● Vous voulez montrer cette harmonie aux visiteurs ...
▲ C'est ça. Absolument.
● Et vos petits personnages, qu'est-ce qu'ils représentent?
▲ Ils représentent le passage d'un élément à un autre. Certains personnages sont déjà passés dans un autre élément, d'autres attendent encore. Ces personnages sont le symbole du changement.
● Vous voulez dire, comme une initiation?
▲ Mais c'est une initiation! J'essaie de montrer l'évolution, les transformations, le passage d'un élément à un autre, le progrès, pour arriver à l'harmonie entre la nature et nous.
● Et votre technique, le choix des matières? J'ai vu de l'or, du thé, une aile de papillon ...
▲ Oh là là! Vous voulez une explication? C'est très difficile! C'est une question d'instinct, oui, c'est d'abord instinctif. Je veux utiliser quelque chose, mais je ne sais pas pourquoi ... Regardez cette aile de papillon ou ce petit coquillage, comme c'est beau! ... mais c'est mort ... Eh bien, je leur donne une deuxième vie, ils vivent une deuxième fois dans ma peinture.
● C'est magique.
▲ Le résultat est toujours une surprise, pour moi aussi!
● Et le thé, le café?
▲ Le thé, le café donnent les couleurs les plus extraordinaires!
On ne peut pas acheter ces couleurs, il faut les créer. Et là aussi, le résultat est toujours une surprise pour moi ... J'essaie beaucoup de choses. J'adore ça. La technique, les problèmes pratiques, c'est aussi vraiment intéressant pour moi ...

UNITÉ 5 PAS DE CHANCE

Übung 8, S. 50

▲ Messieurs dames, vous désirez?
■ Est-ce que vous pourriez réparer le clignotant, s'il vous plaît? Nous partons demain en vacances. Quelle poisse! Mais c'est toujours comme ça.
● Il faut aussi changer les essuie-glaces. Ils se sont arrêtés d'un seul coup il y a une demi-heure. Et en plus le coffre a un problème. On a du mal à l'ouvrir.
▲ Je vérifie aussi les freins?
■ Ce n'est pas la peine.
● Comment? Mais si, il faut vérifier les freins. Il faudrait peut-être regarder aussi l'état de ...
■ Sophie, tu ne t'es jamais occupée de la voiture. Tu ne vas pas commencer aujourd'hui, s'il te plaît ... Ça coûte cher!
● Mais il faut penser à notre sécurité!
■ Le dernier contrôle technique s'est bien passé.
● Oui, il y a pratiquement un an!
▲ Madame a raison. On ne plaisante pas avec la sécurité. Alors je vais faire la vidange, changer les essuie-glaces, contrôler les freins et la pression des pneus, vérifier l'éclairage et regarder l'état général de votre voiture, pour votre sécurité justement.
■ Euh ... Eh bien, d'accord!
▲ Votre voiture est vieille, elle n'est pas en très bon état ...
● Oh, ça ...
▲ ... mais j'ai de très bonnes occasions, vous savez. Une nouvelle voiture ...
● Excellente idée!
▲ Évidemment, je vous rachète votre vieille voiture, Monsieur ...
■ Nous allons réfléchir.
▲ Bien. Je fais la vidange et le reste. Vous pouvez repasser dans une heure.

Übung 15, S. 52

1. Dans les régions Nord-Pas-de-Calais et Picardie, huit kilomètres de bouchon sur l'A 2 en direction de Valenciennes et Bruxelles. Autre point noir: les Pyrénées. La frontière est fermée entre la France et l'Espagne sur l'autoroute A 63 entre Biriatou et Saint-Jean-de-Luz en raison de fortes chutes de neige. Conséquence: plusieurs centaines de camions sont bloqués depuis la mi-journée et les véhicules légers sont détournés vers la Nationale 10.
2. En Île-de-France: suite à un accident sur le périphérique extérieur, la circulation est bloquée entre la porte de Bagnolet et la porte des Lilas.
3. Comme chaque année, la circulation sur les grands axes sera très difficile en ce premier week-end d'août. Évitez de partir vendredi après-midi et samedi matin. Bison Futé vous recommande de suivre les itinéraires de délestage verts si vous vous rendez dans le Sud-Est et le Sud-Ouest de la France.

UNITÉ 6 ON DÉMÉNAGE

Übung 1, S. 56

Pour des raisons professionnelles Monsieur Masure va habiter un an à Genève. Il a loué une maison meublée pour sa famille. Il téléphone au propriétaire pour avoir quelques renseignements.

▲ Allô?
● Oui, Monsieur Anselme? Bonjour, c'est Alain Masure à l'appareil. Excusez-moi de vous déranger, mais nous arrivons à l'instant ... et il n'y a pas d'électricité!
▲ Ah, bonjour, Monsieur Masure! Ma femme a oublié de vous prévenir: on coupe toujours l'eau et l'électricité! Vous avez trouvé sans problème?
● Oui, oui, très bien merci! Mais la route a été longue, nous sommes très fatigués! Où est le compteur électrique?
▲ Il est dans le placard, sous l'escalier. On y range aussi l'aspirateur, si vous en avez besoin. Pour l'eau, c'est pareil, le robinet est sous l'évier dans la cuisine.
● D'accord. Bien ...
▲ Ah, et pendant que j'y pense: la grande armoire dans la chambre est vide: vous avez assez de place pour y mettre vos affaires. Sur les étagères du salon, il y a aussi quelques livres, et des bandes dessinées pour les enfants, vous pouvez bien sûr en profiter! ... Vous avez d'autres questions?

(*Fortsetzung:*)

● Non. Françoise, tu n'as pas de questions!
■ Si! Gilles et Isa vont peut-être venir. Est-ce qu'il y a un canapé-lit?
▲ Non, mais si vous poussez la table basse et rapprochez les deux fauteuils contre le canapé, on peut y dormir à deux.
● Parfait. Merci, Monsieur Anselme, on ne va pas vous déranger plus longtemps.
▲ Mais non, mais non, ... Dans la salle de bains, il y a un grand meuble avec des tiroirs. Vous allez y trouver des serviettes de toilette et des draps propres.
● Merci, mais nous en avons aussi apportés.
▲ Très bien. ... Euh, si vous voulez mettre la voiture au garage, la clé est dans la cuisine, derrière le frigidaire, au mur!
● D'accord, alors au r ...
▲ Ah, et dans le jardin devant la maison, les cerises sont délicieuses! Vous pouvez bien sûr en manger.
● Les enfants vont être ravis!
▲ De toute façon, je peux passer vous voir demain matin. J'ai rendez-vous à la mairie. Je vais en sortir vers 11 heures, je pense, 11 heures et demie, ça vous va?
● Oui. Merci beaucoup, Monsieur, bonne soirée!

UNITÉ 7 IL FAUT TRAVAILLER POUR VIVRE ...

Übung 2, S. 64

Après une conférence sur l'emploi, un journaliste pose la question suivante à plusieurs participants: Quels sont vos projets professionnels? Qu'est-ce que vous voulez faire?

1. Qu'est-ce que je veux faire? La question est plutôt: «Qu'est-ce que je peux faire?». Quand j'étais au lycée, je n'aimais pas les études. Je n'ai même pas le bac. J'aimerais reprendre mes études. Il faut que je suive une formation. Peut-être en informatique. Mais est-ce que c'est possible?
2. Moi, je voudrais que mon travail me laisse beaucoup de liberté. J'ai été vendeur dans un grand magasin, mais les horaires étaient absolument impossibles. J'adore conseiller les clients, les aider. Je parle assez bien anglais et mon espagnol n'est pas mauvais non plus, alors je m'occupais souvent des touristes étrangers.
3. La réponse est facile: je suis infirmière diplômée et je suis sûre de trouver un emploi. Mais je suis seule avec une petite fille et il faut que je trouve un emploi à temps partiel. J'aimerais travailler environ 20 heures par semaine. C'est bien assez.
4. En ce moment, j'ai un emploi, et même un emploi sûr: je suis fonctionnaire, employé de mairie. Mais mon salaire n'est pas terrible. Mon chef aimerait que je fasse de l'informatique. Il a peut-être raison. Et puis, avec une formation en informatique, on peut passer un concours, c'est-à-dire avoir une augmentation de salaire. Il faut que je réfléchisse.
5. J'ai fait des études de comptable – j'ai un BTS – et j'ai déjà travaillé à Bordeaux, à Toulouse, et même 6 mois en Angleterre. Toutes les entreprises ont besoin de comptables, alors je suis sûre de trouver quelque chose. J'aimerais travailler dans une bonne ambiance, que mes collègues soient sympathiques. Et, évidemment, j'aimerais que le salaire soit intéressant.
6. Eh bien, j'ai un rêve. Je voudrais être boulanger, mais mes parents ne sont pas d'accord. Ils voudraient que je fasse des études à la fac, mais ça ne m'intéresse pas. Je vais avoir 18 ans dans deux mois. Je vais être enfin libre!
7. Je cherche un emploi pour plusieurs années dans une maison sérieuse. J'ai fait des études de géographie, j'ai été responsable de la documentation dans une station météorologique, j'ai travaillé pendant quelques mois à l'Institut géographique national. Et je veux un très bon salaire. Ce n'est pas facile pour une femme.

UNITÉ 8 KESKI Z-ONDI?

Übung 1, S. 72

- ▲ Eh bien, ça ne va pas mieux dans le Midi. «... Le Midi toujours en état d'alerte ... plus de 2000 foyers sans électricité.»
- ● Hier soir, ils ont montré des images horribles à la télé. Tous ces pauvres gens ...
- ● Et ce matin, à la radio, la météo annonçait encore des orages dans tout le sud de la France pour aujourd'hui. Ça ne va pas s'améliorer.
- ▲ Enfin, ici on est tranquilles. La Seine n'est pas encore au pied de l'Arc de triomphe et ce n'est pas demain qu'on ira dans les grands magasins en bateau!
- ● Je suis moins optimiste que vous. À Paris, justement, il y a des plans anti-inondations ... Tenez, regardez. «Inondations, la capitale est-elle prête?»
- ● Oui ... Ils ont déjà fermé plusieurs fois les voies sur berges. Et puis, le musée d'Orsay et le Centre Pompidou déménagent une partie de leurs collections ...
- ● Vous n'exagérez pas un peu?
- ● Mais pas du tout. C'est vrai. J'ai lu ça dans *Le Monde*, je crois.
- ▼ Oui, ils l'ont dit aussi à la radio.
- ▲ On arrive. Tout le monde a son parapluie? Bonne journée.
- ● À demain. Même train, même heure.

UNITÉ 9 LA SANTÉ

Übung 1, S. 84

- ▲ Maman, je ne peux pas aller à l'école, je suis malade.
- ● Regarde-moi, en effet, tu n'as pas bonne mine. Tu as mal quelque part?
- ▲ Oui, partout.
- ● Mais encore?
- ▲ J'ai surtout mal à la tête et à la gorge.
- ● Tiens, prends le thermomètre et regarde si tu as de la fièvre.
  Oh, là, là! 39.5, c'est beaucoup. Alors, retourne dans ton lit, couche-toi vite et on va te soigner!
- ▲ J'aime pas les médicaments.
- ● Peut-être, mais prends ce comprimé, ça va te faire du bien.
- ▲ C'est pas bon.
- ● Prends-le quand même ... avec une bonne tasse de camomille.
- ▲ Quelle horreur!
- ● Quand on est malade, il faut boire beaucoup ... allez ... sois gentil ... vas-y ... avale, tu vas te sentir mieux après.
  Tu vois, ce n'est pas si terrible. Maintenant, repose-toi un peu, ferme tes jolis yeux, mon chéri et tu vas voir, le sommeil va venir tout seul.

Übung 9, S. 86

Que diriez-vous d'une semaine de détente ... d'une semaine où vous auriez le temps ... d'une semaine où ... votre seul centre d'intérêt serait ... «Vous»? Oublier le stress ... la fatigue ... se sentir bien dans sa peau ... retrouver son tonus ... se sentir régénéré ... décontracté ... apaisé ... libéré ... ce ne serait pas merveilleux? Alors ... n'hésitez pas! Offrez-vous une semaine de thalasso! ... Poussez les portes de la vitalité ... découvrez les bienfaits de l'eau de mer ... profitez de nos installations: ... piscines d'eau de mer chauffée ... bains ... douches ... algothérapie ... massages ... et bien sûr des hôtels avec une ambiance chaleureuse ... tout est fait pour votre bien-être ... Venez vite ... nous vous attendons dans notre centre de thalassothérapie à Carnac!
Carnac Thalassothérapie, Tél.: 02 97 52 53 54

UNITÉ 10 AU CŒUR DE L'EUROPE

Auftaktseite, Übung 3, S. 91

- ▲ Spontanément, je pense que l'Europe, l'idée de construire l'Europe ensemble nous unit, rapproche la France et l'Allemagne, et que les rivalités, les clichés, la fierté nationale nous séparent.
- ● Pour un Alsacien comme moi, la culture, le dialecte me rapprochent des gens du Bade-Wurtemberg. Les problèmes qui nous séparent viennent de Paris et de Berlin. Nos problèmes sont toujours venus des deux capitales.
- ■ Je ne sais pas. Je suis française. Mon ami est allemand. Nous habitons en Alsace, à côté de Strasbourg, et nous travaillons tous les deux en Allemagne. Je ne pense pas que la vie soit très différente des deux côtés du Rhin.
- ◆ Tout nous sépare: la langue, d'abord. L'amour de la discipline chez les Allemands et l'amour de la liberté chez nous. Nous sommes trop différents.
- ▼ La langue nous sépare, c'est clair. Et je n'ai vraiment pas envie d'apprendre l'allemand. Nos problèmes nous rapprochent peut-être: être chômeur en France ou en Allemagne, c'est toujours être sans travail, et je ne crois pas que les solutions soient allemandes ou françaises, mais européennes.

UNITÉ 11 VIVRE ENSEMBLE

Auftaktseite, Übung 1, S. 99

Texte 1: Bonsoir, vous venez prendre l'apéro, après?
Texte 2: Tu as vu? Il faut faire attention à la forêt.
Texte 3: Mais qu'est-ce qu'il a ce chien à aboyer comme ça tout le temps? Ben, il veut faire la fête avec nous!
Texte 4: Eh, Julien, ne reste pas planté là! Viens! On va s'en aller bientôt à la plage!
Texte 5: Regarde ces gamins dans leur tente, ils sont mignons! ... Ils nous observent ou quoi?

Übung 8, S. 102

- ▲ Vous écoutez Radio Belleville, il est neuf heures cinq et voici votre émission: «La vie quotidienne à Belleville». Aujourd'hui, nous parlons des animaux domestiques. Pourquoi les animaux domestiques? Parce que 52% des ménages en possèdent un, ... et parmi eux, beaucoup de citadins ... et de Bellevillois ... c'est donc un vrai phénomène de société .... Appelez-nous au 01 42 36 36 36 pour nous communiquer votre expérience. Oui ... Bonjour ...
- ● Hélène Daumas.
- ▲ Bonjour Hélène, alors ... vous avez un animal domestique?
- ● Oui, j'ai un chien, ... Médor ...
- ▲ Euh ... pourquoi un chien?
- ● Eh bien, je suis retraitée et je vis seule ... je voulais un animal qui me tienne compagnie ...
- ▲ Oui ... euh ... vous nous racontez un petit peu ...
- ● Oui, voilà ... quand j'ai un souci ... ou quand je suis contente, ... je le raconte à Médor, ... il m'écoute, il ne me contredit pas ... et puis, il m'oblige à sortir: nous nous promenons tous les matins et tous les après-midi ... par tous les temps.
- ▲ Donc, vous êtes très heureuse avec votre chien?
- ● Tout à fait ... c'est le compagnon parfait!
- ▲ Merci Hélène ... vous restez en ligne ... et vous intervenez tout à l'heure dans la discussion?
- ● D'accord!
  (...)
- ● Je m'appelle Estelle de Fromonceau et je n'ai aucun animal ... Je suis tout à fait contre les animaux en ville ... Regardez les chiens: ce n'est pas une vie ... toujours tenus en laisse ... et puis pensez à la propreté des rues: ils font leurs besoins sur les trottoirs .... C'est dégoûtant!
  Et personne ne dit rien ... moi, je suis d'avis qu'il faudrait que les propriétaires paient un impôt sur leur chien ... ça paierait le nettoyage, et en plus ...
- ▲ Excusez-moi de vous interrompre ... mais vous savez sans doute que beaucoup de personnes âgées ... qui ne sont pas toujours riches ... ont des chiens.
- ● Alors, là, il ne faut pas exagérer ... rien n'est jamais trop beau pour ces chers toutous: en bas de chez moi, il y a une boutique pour chiens avec ... parfums Hermès ... petits manteaux Burberry ... produits de luxe Gucci, Vuitton, etc ... et elle est toujours pleine ... ce ne sont pas les clients qui manquent ...
- ● Permettez-moi d'intervenir: Je pense que vous généralisez un peu vite ... Je n'achète ni vêtements ni produits de luxe pour mon chien ... et si les chiens salissent les rues, eh bien, c'est que leurs maîtres sont mal élevés ...
- ● Ça, c'est bien vrai!
- ▲ Avant de continuer cette discussion très intéressante ... une page de publicité ...

UNITÉ 12 LA BELLE PROVINCE

Übung 4, S. 109

Âgé de 24 ans, Gwendal a rejoint le Québec, entre la ville du même nom et Montréal, pour ses études. Son objectif est de devenir journaliste. Il aurait pu aller à l'université en France, mais il a choisi de s'installer au Canada. Entretien réalisé par Magali Blanchot – Septembre 2001 – Radio Bleue Armorique.

- [...] alors pourquoi l'Canada, ben c'est, c'était, euh, c'était une manière de partir loin tout en étant sûr que je s'rais pas perdu dans la mesure où le Québec est, comme vous l'savez, francophone, donc c'était une manière d'être loin tout en étant relativement sûr de mon coup ... et le Québec, le Canada, c'est dans mon imaginaire ... avant de partir ..., c'était quand même quelque chose que ..., c'était les grands espaces, un pays ouvert sur le monde, un pays accueillant, ... [...]
- La première année qu'j'ai passé à Québec franchement, j'ai, j'ai, j'ai eu du mal à m'adapter dans la mesure où on était beaucoup d'Français, et on s'regroupait surtout entre Français, et euh, on avait beaucoup de mal à aller vers, vers les, vers les Québécois, dont on s'moquait un p'tit peu par rapport à leur accent, etc. Mais y faut, faut bien s'mettre une chose en tête c'est que, quand un Français est au Québec, c'est pas le, c'est pas l'Québécois qu'a un accent, c'est l'Français, parce que eux sont chez eux et nous, on est des touristes ou des étudiants et il faut s'adapter. Mais à Montréal par contre là, j'me suis vraiment, j'me suis vraiment, bien adapté, j'ai, j'ai beaucoup d'amis québécois, que je souhaite revoir assez rapidement d'ailleurs et ah ce sont des gens merveilleux, ... Y sont peut-être, un p'tit peu, un p'tit peu difficile d'approche dans la ... Surtout quand on est français parce que, qu'on a l'impression que, que les Français sont hyper bien accueillis au Québec, c'est vrai mais pas, pas au premier abord. Parce qu'i's ont quand même un sentiment euh, enfin moi, ça n'regarde que moi, mais c'est, c'est mon opinion, j'ai l'impression qu'i's ont un sentiment d'infériorité par rapport aux Français. I's ont un, i's ont le sentiment qu'on les a délaissés, y'a, y'a pas mal de siècles, et donc y'a une expression qui revient souvent au Québec c'est le maudit Français [...]

OPTION 1 TESTEZ-VOUS!

Compréhension orale

Document 1

Voilà nous partirons pour Lyon le 3 février à 6 h 30.
Le rendez-vous est fixé à 6 heures à la gare routière.
Nous prendrons le repas de midi dans un restoroute.
Dans l'autobus, vous pourrez acheter des boissons.
Nous arriverons vers 18 h 30.
Le prix du voyage est définitivement fixé à 180 euros.

Nous irons faire du ski aux Deux-Alpes, l'excursion coûtera 34 euros y compris la fondue savoyarde le soir, avant de quitter la station.

Document 2

Bonjour, Mamie, c'est Patrick. Tout va bien. Papa et Maman sont en pleine forme et il fait un temps de chien. Il pleut sans arrêt. On t'embrasse.

Document 3

Boris Rampal. Je suis intéressé par votre annonce. Je cherche une Clio cabriolet rouge. Pouvez-vous me rappeler au 03 88 07 43 06?

Document 4

Mademoiselle Clément de l'agence «Europe-Tour». Madame Duponchel, je vous confirme votre réservation pour une semaine en Corse à partir du samedi 16 juin, départ de Lyon Saint-Exupéry à 9 h 30, retour le 23 juin à 20 h 55. Nous vous envoyons vos billets d'avion par la poste.

OPTION 3 FAITES LE POINT

Compréhension de textes oraux

Partie 1

23. Moi, je n'ai pas le permis et mon bureau est à 5 kilomètres de chez moi. L'hiver, je prends le bus; mais d'avril à octobre, je fais la route à vélo. C'est bien plus rapide et plus agréable.

24. C'est vrai que je passe tous les matins au moins une demi-heure dans les bouchons, mais sincèrement je ne pense pas à changer. Au moins, dans ma voiture, je suis un peu chez moi, j'écoute les informations à la radio, ou je mets un CD. La foule des transports en commun, ce n'est pas pour moi.

25. Je me lève une petite heure avant de commencer à travailler. J'ai de la chance: je suis infirmière scolaire et j'ai un logement de fonction dans le lycée. C'est vraiment très agréable le matin. Mais, bon, c'est vrai que parfois, le week-end ou pendant les vacances, j'aimerais bien vivre ailleurs.

26. Métro, boulot, dodo: voilà ma vie. Le matin, je dois d'abord attendre le bus pour aller à la gare, puis je prends le RER pour Paris et j'ai encore dix minutes de métro. En tout, une heure et quart pour arriver sur mon lieu de travail. Le soir, c'est la même chose. Dans la semaine je ne vis pas, mais le week-end, je suis content de ne pas être à Paris.

27. Si j'avais le courage, je pourrais aller travailler à pied. Il y en a environ pour 20 minutes et le chemin est agréable. Mais ça va tellement plus vite en voiture: je préfère dormir un peu plus longtemps le matin!

Partie 2

28. Oui, bonjour, ici, l'agence immobilière «Morel». Nous avons une maison qui devrait vous plaire. Pouvez-vous me rappeler à l'agence pour que nous fixions un rendez-vous? Demandez Madame Faussey, FAUSSEY. À bientôt.

29. Salut, c'est moi. Bon, je pensais que tu serais là, mais tant pis. Écoute, j'ai plein de travail et je n'aurai pas le temps de repasser à l'appartement avant notre rendez-vous. Je te propose qu'on se retrouve directement là-bas. Alors à ce soir 6 heures et demie devant notre nouvelle maison, d'accord? Je t'embrasse.

Partie 3

30. La SNCF vous souhaite la bienvenue à bord du TGV 8441, à destination de Bordeaux. Nous vous rappelons qu'une voiture bar est à votre disposition en queue du train.

31. Une caissière est attendue en caisse 5, je répète une caissière est attendue en caisse 5.

32. Merci de nous avoir suivis, et à demain. Dans quelques instants les informations, mais tout de suite, une page de publicité.

33. Bienvenue sur AlloCiné. Pour connaître les programmes de cinéma dans votre ville, faites le 1. Pour tout savoir sur les films actuellement en salle, faites le 2 ...

34. Mesdames et Messieurs, votre attention s'il vous plaît. Notre magasin va fermer ses portes dans dix minutes. Merci de rejoindre les caisses et la sortie. Toute l'équipe d'Uniprix vous remercie de vos achats et vous souhaite une bonne soirée.

Lösungen (*repères*, *options* sowie Tests)

UNITÉ 1, S. 17/18

1. **a.** J'ai passé de bonnes vacances.
   b. Je suis parti/e trois semaines.
   c. J'ai eu de la chance.
   d. J'ai vu/visité beaucoup de villes.
   e. J'ai dormi dans un camping-car.
   f. Je n'ai pas envoyé de cartes postales et pas téléphoné non plus.

2. Nous avons passé/Nous sommes restés/Nous sommes partis/sommes rentrés/Il a fait/nous avons eu/Nous avons pris/Nous avons aussi vu/nous avons souvent pris

3. 1. préparer
   2. prononcer
   3. imaginer
   4. interroger
   5. discuter
   6. comparer
   7. réserver
   8. inviter
   9. consommer
   10. confirmer

UNITÉ 2, S. 25/26

1. **a.** Je voudrais/Je cherche un maillot de bain.
   b. Je fais du 38/40/42, etc.
   c. Ce maillot de bain est trop grand.
   d. Vous avez la taille en dessous?
   e. Ça/Ce maillot de bain me va bien.
   f. Il est très chic!
   g. Je le prends.

2. 1. ces, les
   2. cette, la
   3. cet, te
   4. ce, l'
   5. ce, l'

3. jaunir = gelb werden
   rougir = rot werden, erröten
   blanchir = weiß werden
   rajeunir = jünger werden
   embellir = schöner werden

UNITÉ 3, S. 33/34

1. En 1950, Bernard avait dix ans. C'était un petit garçon joyeux et dynamique. Il travaillait bien à l'école. Il passait ses vacances avec ses cousins et cousines chez sa grand-mère.
   En 1970, c'était un homme d'affaires sérieux. Il était marié et avait deux enfants, un fils et une fille.
   En 2000, retraité, il vivait dans une belle maison à la mer. Tous les étés, son fils, sa fille, son gendre et sa belle-fille passent leurs vacances avec leurs enfants dans sa maison. Bernard est heureux.

2. il faisait beau et j'avais/je regardais/j'écoutais/un jeune homme a pris place/il a sorti et a commencé/Il parlait/le serveur est arrivé. Il a commandé/j'ai demandé/j'avais/j'ai payé et je suis parti/e/ce téléphone était

UNITÉ 4, S. 41/42

1. **a.** Vous vous intéressez à l'art moderne?
   b. Ce roman vous plaît?
   c. Je trouve ce livre drôle.
   d. Je ne comprends pas la peinture moderne.
   e. Je n'achète pas de livres, je les emprunte à la bibliothèque.

2. 1. le plus beau
   2. le meilleur et le moins cher
   3. la plus vieille
   4. les plus anciens
   5. la plus jeune

3. 1. lui
   2. lui
   3. leur
   4. leur
   5. leur

4. unkorrekt, unkomfortabel, uninteressant, unerwartet, unbekannt, unbestreitbar, unverzeihlich, ungenießbar, unvorstellbar, unaussprechbar, inakzeptabel, nicht überprüfbar

UNITÉ 5, S. 53/54

1. **a.** Je me suis trompé/e.
   b. Je n'ai pas pris le bon ordinateur/portable
   c. J'ai eu de la chance.
   d. Je suis de bonne humeur aujourd'hui.
   e. Le pneu est crevé.
   f. Mes essuie-glaces ne fonctionnent pas.
   g. Il faut vérifier les freins.

2. 1. Tu te lèves ...
   2. Je me dépêche.
   3. Je m'excuse.
   4. Vous vous êtes trompés!
   5. Ils se promènent ...

3. 1. Je me suis levé/e très tard ce matin.
   2. Il me regarde toujours très aimablement/gentiment.
   3. Malheureusement, il n'est pas venu.
   4. Il va très bien, merci.
   5. Elle ne vient pas régulièrement aux cours.

UNITÉ 6, S. 61/62

1. **a.** Excusez-moi de vous déranger.
   b. Est-ce que je peux passer vous voir demain à midi?
   c. L'aspirateur est dans le placard et la clé du garage est au mur.
   d. Le supermarché est tout près et le boulanger est à cinq minutes.
   e. La vie quotidienne est plus simple et la qualité de vie dans ce quartier est bonne.

2. 1. Oui, on y va./Non, on n'y va pas.
   2. Oui, j'en viens./Non, je n'en viens pas.
   3. Oui, j'en ai./Non, je n'en ai pas.
   4. Oui, j'y pense./Non, je n'y pense pas.
   5. Oui, j'en ai besoin./Non, je n'en ai pas besoin.
   6. Oui, on y passe./Non, on n'y passe pas.

3. 1. qui
   2. où
   3. où
   4. qui
   5. que, que

UNITÉ 7, S. 68

S. 69/70

1. **a.** Christian a fait des études d'informaticien et a cinq ans d'expérience professionnelle.
   b. Françoise est responsable des achats.
   c. Michèle a maintenant un CDI (contrat à durée indéterminée).

d. Dans l'entreprise d'Olivier, les horaires sont souples.
e. Claire a un emploi à temps partiel.
f. Denis voudrait bientôt avoir une augmentation de salaire.

2. 1. Qu'est-ce qui vous dérange?
2. Qu'est-ce que tu as acheté?
3. Qu'est-ce que vous écoutez?
4. Qu'est-ce qui ne diminue pas souvent?
5. Qu'est-ce qui va bien avec mon pantalon?

3. 1. soit
2. ayons
3. soient
4. demandes
5. fasse

UNITÉ 8, S. 77/78

1. a. J'ai vu cette information au journal télévisé.
b. Je trouve les images des inondations horribles.
c. Je suis à votre disposition pour tout autre renseignement.
d. Je vous remercie de me confirmer votre venue.
e. La conférence a lieu samedi, bien que cela ne convienne pas à tout le monde.
f. Répondez-moi rapidement pour que je puisse tout organiser.

2. 1. puisse
2. puisse
3. puissions
4. puissent
5. puisse

3. 1. Elle parle plus vite que son chef.
2. Il travaille mieux que son collègue.
3. On ne lit pas les magazines aussi régulièrement que les journaux.
4. Daniel conduit moins prudemment que son frère.
5. Viens le plus vite possible!

UNITÉ 9, S. 91/92

1. a. Je me sens mal.
b. J'ai de la fièvre et mal à la tête.
c. Je suis détendu/e et reposé/e.

2. 1. Dépêchez-vous!/Dépêche-toi!
2. Regardez-moi./Regarde-moi!

3. 1. Tu devrais/Vous devriez aller chez le médecin.
2. Tu devrais/Vous devriez prendre un comprimé et aller au lit.

4. 1. Oui, prends-en!
2. Oui, vas-y!
3. Oui, achète-le!
4. Oui, attends-moi là!

5. 1. À ta place, je partirais en vacances!
2. À ta place, je me reposerais!
3. À ta place, je ferais une cure de thalasso!
4. À ta place, j'irais en Bretagne!
5. À ta place, je serais gentil avec ma cousine!

UNITÉ 10, S. 97/98

1. a. Je crois que les Allemands et les Français ont les mêmes problèmes.
b. Je ne suis pas sûr/e que la vie de l'autre côté du Rhin soit différente.
c. Je ne crois pas que l'Europe apporte une solution à nos problèmes.
d. C'est une honte de ne pas être informés.
e. Vous avez raison.

2.

Conditionnel	**Futur**
je réfléchirais	je réfléchirai
tu serais	tu seras
il aurait	il aura
nous irions	nous irons
vous voudriez	vous voudrez
elles pourraient	elles pourront

3. à Brisach/en Allemagne/en France/ à Strasbourg/aux États-Unis/ sur le Rhin/dans les Hautes Alpes

UNITÉ 11, S. 105/106

1. a. Félicitations (pour les examens).
b. Pourriez-vous avoir l'obligeance/ Ce serait gentil de ne pas fumer dans l'escalier.
c. Excusez-moi de vous interrompre.
d. Moi, je suis d'avis que les animaux sont heureux au zoo.
e. Je crois que vous exagérez.

2. 1. j'avais, j'irais
2. tu veux, on peut
3. nous partirons, tu n'as pas

3. 1. tous mes
2. tous les
3. Tout ce
4. tous ces

UNITÉ 12, S. 113

1. 1. tu venais, tu ferais
2. nous visiterions, nous avions
3. nous resterions, était

2. 1. elles
2. eux
3. Nous, vous
4. eux

OPTION 1

1. Il venait; il était, c'était, j'ai compté, j'ai mis, il venait, c'était, il pensait, il m'a dit, il venait, je retrouvais, il m'a dit, c'était, j'ai mis, j'avais

DELF

2. Compréhension orale

Document 1
1. Lyon, à 6 h 30, gare routière
2. oui
3. 18h30
4. 180 €
5. on ne sait pas
6. 34 €
7. oui

Document 2
1. non
2. oui
3. non
4. oui

Document 3
1. oui
2. rouge
3. 03 88 07 43 06

Document 4
1. oui
2. en Corse du 16 au 23 juin
3. 1 semaine
4. non
5. on ne sait pas
6. non

OPTION 2

1.

DELF

1. Écrit

1. a. Anita Marcy
   b. Auguste Lefort
   c. Sophie Marcy
   d. Éric Kirsten

2.

Qui?	Justification
a. Céline Dumoulin	«ça, c'est vraiment dommage»
b. Anita Marcy	«Nous devons absolument»
c. Éric Kirsten	«Ah non, ça ne me plaît pas de partir!»
d. Fabrice Duval	«Pour nous, c'est une chance extraordinaire!»

3.

Qui?	Justification
Juliette Dupuis	«c'est super que la ville nous aide à trouver un nouveau logement»
Fabrice Duval	«alors vive la campagne!»
Franck Durant	«Oui, vraiment, ce serait une bonne chose»
Fabrice Duval	«j'en ai assez de Paris: trop de bruit, trop de monde ...»

4. Juliette Dupuis et Céline Dumoulin

5.

	Vrai	Faux
Madame Duval vient de la campagne ______	X	
Madame Duval préfère acheter des confitures _____		X
Fabrice Duval déteste la campagne ____________		X
Céline Dumoulin regrette de devoir déménager ______	X	
Céline Dumoulin veut habiter sous les toits à la campagne ___________		X
Éric Kirsten habite seul ____		X

6. Frank Durant a deux chats et un piano.

7. Parce qu'il est photographe indépendant et qu'il ne gagne pas la même chose tous les mois

OPTION 3

Certificat de français

1. Éléments langagiers: Partie 1
   1.a; 2.b; 3.a; 4.c; 5.a; 6.b; 7.b; 8.a; 9.b; 10.a
2. Éléments langagiers: Partie 2
   11.a; 12.f; 13.c
   14.c; 15.f; 16.e; 17.d
   18.h; 19.c; 20.g; 21.f; 22.j
3. Compréhension de textes oraux: Partie 1
   23. vrai
   24. faux
   25. faux
   26. vrai
   27. vrai
4. Compréhension de textes oraux: Partie 2
   28. faux
   29. vrai
5. Compréhension de textes oraux: Partie 3
   30. faux
   31. faux
   32. vrai
   33. faux
   34. faux
6. Compréhension de textes écrits: Partie 1
   35.f; 36.g; 37.d; 38.c
7. Compréhension de textes écrits: Partie 2
   39. vrai
   40. faux
   41. vrai
   42. faux
8. Compréhension de textes écrits: Partie 3
   43.d; 44.f; 45.a; 46.c

OPTION 3

Übung 1, S. 114

Téléphoner au serrurier[1]? D'où? De chez moi? Impossible: la porte est fermée! Aller téléphoner du café d'en bas? Pas question quand on est tout nu! Mon concierge[2]? Exclu[3]: il prend ses vacances en juillet! Il ne me restait plus que les voisins.
J'ai pris le paillasson[4] qui était au pied de ma porte pour m'en faire un pare-sexe et j'ai sonné chez mon voisin de gauche. La porte s'est ouverte sur le visage d'une petite vieille que je ne connaissais pas. Elle devait avoir la vue basse[5] car son regard était juste dirigé vers mon paillasson. C'est peut-être son grand âge qui lui a fait dire:
– Non merci, je n'ai besoin de rien!
Elle a refermé sèchement sa porte.
C'est au moment où l'on croit que tout est perdu qu'il arrive un miracle[6]. Le saint patron[7] des nudistes[8] est venu à mon secours et m'a insufflé[9] une idée lumineuse[10]. Pendant la semaine, une entreprise de ravalement[11] travaillait sur la façade de mon immeuble et je savais que les ouvriers rangeaient leurs affaires dans la cave pendant les jours fériés[12]. Il me fallait avoir le courage de descendre cinq étages dans le plus simple appareil.
Je n'ai trouvé aucun habit[13] dans la cave. Uniquement des outils. Le besoin de me couvrir était devenu si impératif qu'en voyant un sac de ciment[14] vide, j'en ai fait une sorte de robe que j'ai attachée[15] autour de ma poitrine avec un bout de ficelle[16]. Cette espèce de jupette en papier beige qui me partait de dessous les bras pour s'arrêter à mi-cuisses[17] me faisait ressembler à Gandhi habillé par Prénatal. La dernière touche de vrai chic parisien était une inscription en grosses lettres noires qui me barrait l'estomac: CIMENT LAFARGE.

1 Schlosser
2 Hausmeister
3 ausgeschlossen
4 Fußabtreter
5 schlecht sehen
6 Wunder
7 Schutzheiliger
8 FKK-Anhänger
9 einflößen
10 *hier*: genial
11 Fassadenerneuerung
12 Feiertag
13 Kleidungsstück
14 Zement
15 festbinden
16 Stück Bindfaden
17 auf halber Höhe der Schenkel

C'est dans cet accoutrement[18] que j'ai sonné chez mes voisins du dessus. M. et Mme Doney étaient des Anglais installés en France depuis peu et qui ne maîtrisaient[19] pas complètement notre langue. J'ai eu un mal fou[20] à expliquer l'objet de ma visite à Mme Doney qui m'a ouvert sa porte. Elle semblait subjuguée[21] par mon ensemble de haute couture audacieuse[22]. C'est son mari qui m'a fait entrer chez eux. Plusieurs personnes étaient assises sur le canapé du salon et m'ont souhaité la bienvenue en anglais. Le flegme britannique m'a certainement aidé à surmonter[23] ma gêne et c'est un verre de whisky à la main que j'ai raconté ma mésaventure[24]. J'étais enfoncé[25] dans un profond fauteuil de cuir, les genoux à hauteur des regards de mes vis-à-vis. Vu l'absence de dessous, cette position me donnait des complexes et je tirais[26] désespérément sur le bas[27] du sac pour cacher mon embarras[28].
M. Doney m'a prêté un bermuda immensément large que j'ai mis dans la salle de bains. Ensuite il m'a attaché avec une grosse corde[29] et j'ai pu atteindre[30] mon balcon personnel qui se trouvait juste en dessous. J'ai éteint le gaz sous la friteuse.
Au milieu de la fumée, j'ai fait le vœu[31] de ne plus manger de frites.

18 Verkleidung
19 beherrschen
20 sehr viel Mühe haben
21 hingerissen sein
22 kühn
23 überwinden
24 unangehnemes Erlebnis
25 *hier*: tief sitzen
26 ziehen
27 *hier*: der untere Rand
28 Verlegenheit
29 Seil
30 erreichen
31 *hier*: versprechen

Partnerseiten

UNITÉ 3, Übung 11

1973	___	1989	___
1973/78	petits boulots (livreur de pizza, veilleur de nuit ...) (pas beaucoup d'argent)	1992	naissance de Nicolas (avec Fabienne à la clinique)
1979	___	1993	___
1982	___	1994	___
1985	diplôme (fier)	1996	naissance de Mathilde (Nicolas déjà 4 ans)
1988	ouverture de l'agence de voyage «À toute aile» (beaucoup de travail/très fatigué)	2000	voyage en France (envie de contacter sa famille)

UNITÉ 6, Übung 6

UNITÉ 8, Übung 3

Inondations: Le Midi toujours en état d'alerte

De notre envoyée spéciale, Martine Chenu – Après les terribles orages d'hier matin, plus de 2000 foyers sont encore sans électricité dans la région d'Orange. Les pompiers et les agents d'EDF travaillent le plus vite possible, mais l'eau est souvent plus rapide qu'eux. Si les dégâts matériels sont extrêmement importants, il n'y a pour l'instant aucune victime, heureusement.
L'autoroute A9 reste fermée à la circulation et les voyageurs du TGV Méditerranée doivent compter avec au moins une heure de retard. La SNCF a mis un numéro vert à leur disposition (08 00 27 34 21). La gendarmerie demande aux automobilistes d'éviter si possible la région et d'écouter les informations à la radio (sur FM 107.7 pour l'autoroute). La population n'est pas très optimiste; elle s'attend à une catastrophe si la météo ne s'améliore pas.

UNITÉ 9, Übung 13

- visiter le musée d'Orsay
- faire une promenade sur les quais de la Seine
- faire du lèche-vitrines sur les Champs-Élysées
- prendre un café à Montmartre
- aller à l'Institut du Monde Arabe
- monter sur la Tour Eiffel

UNITÉ 11, Übung 15

Wörterbuch

Das alphabetische Vokabelverzeichnis enthält den gesamten Wortschatz von *Perspectives 2*.

Die Zahlen geben an, wo die einzelnen Wörter und Wendungen zum ersten Mal vorkommen (z. B. 11/5 bedeutet *unité 11*, Übung 5, 2/A bedeutet *unité 2*, Auftaktseite, 1/R3 bedeutet *unité 1*, Repères Übung 3).

Abkürzungen:

f. feminin
m. maskulin
Pl. Plural
ugs. umgangssprachlich
qn quelqu'un (jemand/en/em)
qc quelque chose (etwas)
jdn jemanden
jdm jemandem
etw. etwas
* kennzeichnet Verben, die das *passé composé* mit *être* bilden

A

abonnement *m.* Abonnement 10/11
abord *m.*: **au premier abord** zunächst, auf den ersten Blick 12/4
aborder qc etw. ansprechen 12/7
aboyer bellen 11/A
accéder à an etw. gelangen, Zugang haben 12/1
accélérateur *m.* Gaspedal 5/7
accent *m.* Akzent 12/4
accident *m.* Unfall 5/14
accrocher à qn/qc an jdm/etw. hängen 6/13
accueillant/e gastlich, einladend 12/4
accueillir qn/qc jdn/etw. empfangen 1/12
achat *m.* Einkauf 2/8
actualités *f.Pl.* Nachrichten 8/3
adapter qc etw. bearbeiten, adaptieren 3/14; **s'adapter*** sich einleben 12/1
administration *f.* Verwaltung 7/2
adoucir besänftigen 9/8
adresser qc à qn jdm etw. schicken 7/1
affaires de rechange *f.Pl.* Kleidung zum Wechseln 2/1
agent *m.* *hier:* Angestellte/r 8/3
agir wirken 9/8
agriculture *f.* Landwirtschaft 10/2
agroalimentaire *m.* Lebensmittelsektor 10/4
aide *f.* Hilfe 5/12
aimable freundlich, nett 6/7
alcoolisé/e alkoholhaltig 12/8
alerte *f.* Alarm 8/1; **en état d'alerte** in Alarmzustand, Alarmbereitschaft 8/1
alignement *m.* Reihe, *hier:* Anordnung von Steinreihen 9/13
aliment *m.* Lebensmittel 7/7
alimentaire Nahrungs-, Ernährungs-, Lebens- 12/11
alimentation *f.* Ernährung, Fütterung 11/15
allemand: haut-allemand *m.* Hochdeutsch 10/2
aller à qn jdm stehen 2/A; jdm passen 8/7; **s'en aller** weggehen 11/A
allumer qc etw. einschalten 8/A
allure *f.* Tempo, Geschwindigkeit 10/8
Alsace *f.* Elsass 10/A
Alsacien/ne Elsässer/in 10/A
âme *f.* Seele 12/7
améliorer qc etw. verbessern 7/12
aménagement *m.* Raumordnung 10/8
Amérique *f.* Amerika 12/1
amincir qn jdn schlanker machen 2/9
amitié *f.* Freundschaft 3/13
amuser qn jdn Spaß machen, jdn amüsieren 9/14; **s'amuser* à** Spaß haben zu 11/1
ancien/ne alt, antiquarisch 4/7
anglophone englischsprachig 12/4
annonce: petite annonce *f.* Kleinanzeige 8/3
annoncer qc etw. ankündigen 6/12
annuaire *m.* Jahrbuch, Telefonbuch 7/7
apaiser beruhigen 9/8
appareil *m.* Gerät 6/1; **à l'appareil** am Apparat 6/1
apprécier qc etw. schätzen 12/1
apprendre qc etw. lernen 1/1
apprenti/e *m.f.* Lehrling, Auszubildende/r 7/1
apprentissage *m.* Lehre 7/1
argent *m.* Geld 3/11
argument *m.* Argument 6/11
armoire *f.* Kleiderschrank 6/1
s'arranger* sich regeln 10/8
arrêter de mit etw. aufhören 9/6; **s'arrêter*** stehen bleiben 5/8; anhalten 10/8
arrivée *f.* Ankunft 1/9
arriver erreichen 4/5; passieren 9/14
arrogant/e arrogant, hochnäsig 12/3
art: arts graphiques *m.Pl.* Grafik 4/7; **arts plastiques** *m.Pl.* bildende Künste 4/A
artistique künstlerisch, kunstvoll 4/A
aspect *m.* Aspekt 12/12
aspirateur *m.* Staubsauger 6/1
s'asseoir* sich hinsetzen 5/1
assez de genug 6/1
assiette *f.* Teller 6/13
assister à qc an etw. teilnehmen 4/7
association *f.* Verein 4/7
assorti/e à qc zu etw. passend 2/2
atelier *m.* Werkstatt, Atelier 4/7
atmosphère *f.* Stimmung 6/7
attention *f.* Aufmerksamkeit 3/2
attirer qn/qc jdn/etw. anziehen 4/8
attitude *f.* Haltung 12/7
attraction touristique *f.* Touristenattraktion 12/7
attraper la mort sich den Tod holen 8/11
attrayant/e attraktiv 7/1
aucun/e keine/r/s 2/2
au-dessus darüber 2/8
auditeur/trice *m.f.* Zuhörer/in 0/4
augmentation *f.* Erhöhung 6/7
augmenter wachsen, zunehmen 9/14
autant de genauso viel wie 6/7
auteur *m.* Autor/in 4/7
automobiliste *m.f.* Autofahrer/in 5/14
autorités *f.Pl.* Behörde 8/3
autoroute *f.* Autobahn 1/7
autrefois damals 3/12
avaler qc etw. schlucken 9/1
avant de bevor 2/8
avare geizig 7/14
avenir *m.* Zukunft 7/9
aventure *f.* Abenteuer 11/16
avis: à votre avis Ihrer Meinung nach 2/A
avis de recherche *m.* Vermisstenanzeige 3/8
avoir: (vous) auriez hätten (Sie) 2/8; **avoir besoin de qn/qc** jdn/etw. brauchen 2/2; **avoir bonne/mauvaise mine** gut/schlecht aussehen 9/1; **avoir conscience de qc** sich etw. bewusst sein 12/1; **avoir du mal à** Mühe haben zu 5/8; **avoir envie de qc** auf etw. Lust haben 3/11; **avoir l'obligeance de** die Güte haben/die Freundlichkeit besitzen 11/1; **avoir le droit de** das Recht haben zu 12/7; **avoir mal à** schmerzen haben 9/1; **avoir raison** Recht haben 2/8

B

bac *Abk.* **baccalauréat** *m.* Abitur 3/8
baignoire *f.* Badewanne 6/2
banlieue *f.* Vorort 3/11
bas *m.* Strumpf 8/11
base *f.* Basis 0/4
bâtiment *m.* Gebäude 12/A
B.D. *Abk.* **bande dessinée** *f.* Comic 2/16
beau: beau-frère *m.* Schwager 3/1; **beau-père** *m.* Schwiegervater 3/2
beauté *f.* Schönheit 7/13
belle: belle-fille *f.* Schwiegertochter 3/3; **belle-mère** *f.* Schwiegermutter 3/2;

belle-sœur *f.* Schwägerin 3/2
berge *f.* Ufer 8/1
berger allemand *m.* Deutscher Schäferhund 12/7
bête dumm 7/14
bêtise *f.* Dummheit 7/14
bibliothécaire *m.f.* Bibliothekar/in 3/11
biche *f.* Hirschkuh 11/16
bien que obwohl 6/7
bien-être *m.* Wohlbefinden 9/8
bienfait *m.* Wohltat 9/8
bilingue zweisprachig 10/3
billetterie *f.* Kasse 1/12
Bison Futé Informationen zur Vermeidung von Staus 5/14
bisou *m.* Kuss 1/7
blond/e blond 9/A
bloquer qc etw. aufhalten, blockieren 11/1
bois *m.* Holz 5/5
boîte *f. ugs.* Disko 1/9
bonnet *m.* Mütze 12/8
bouche *f.* Mund 9/A
se boucher* **les oreilles** sich die Ohren zuhalten 8/A
bouchon *m. hier*: Stau 5/14
bougie *f.* Kerze 6/13
boulot *m. ugs.* Arbeit, Job 3/11
bouquet *m.* Strauß 11/5
bourse *f.* Börse 8/4; Stipendium, Beihilfe 10/13
branche *f.* Branche 10/4
bras *m.* Arm 1/7
bronzer bräunen 1/1
brosse à dents *f.* Zahnbürste 6/13
se brûler* sich verbrennen 5/1
brun/e dunkelhaarig 9/A
budget *m.* Budget 1/1
bureau *m.* Schreibtisch 6/2

C

cabine *f.* Umkleidekabine 2/8
se cacher* sich verstecken 11/16
caisse de maladie *f.* Krankenkasse 9/5
caissier/ère *m.f.* Kassierer/in 6/7
se calmer* sich beruhigen 5/3
caméra *f.* Kamera 5/1
camion *m.* Lastwagen 3/8
campagne *f.* Land 1/1
camping-car *m.* Wohnwagen 1/1
canadien/ne *m.f.* Kanadier/in 12/7
canapé *m.* Sofa 6/1
canapé-lit *m.* Schlafsofa 6/1
candidat/e *m.f.* Bewerber/in 7/1
candidature *f.* Bewerbung 7/1
caniche *m.* Pudel 12/7
capitale *f.* Hauptstadt 8/3
capot *m.* Motorhaube 5/7
car denn, weil 10/4
caractère *m.* Charakter 11/15
caractériser qn/qc jdn/etw. charakterisieren 7/11
caricature *f.* Karikatur 5/A
catastrophe *f.* Katastrophe 8/3
catastrophique katastrophal 8/3
cauchemar *m.* Alptraum 6/13
cause *f.* Ursache, Grund 9/14; **à cause de qn/qc** wegen jdm/etw. 10/8
CDD *Abk.* **contrat à durée déterminée** *m.* Zeitvertrag 7/1
CDI *Abk.* **contrat à durée indéterminée** *m.* unbefristeter Vertrag 7/1
ce que das, was 1/5
céder qc etw. abgeben 12/4
ceinture *f.* Gürtel 5/7
celui-ci/celle-ci diese/r/s 9/14
centre commercial *m.* Einkaufszentrum 6/7
cerf *m.* Hirsch 11/16
cerise *f.* Kirsche 6/1
certes zwar 10/4
cesser aufhören 11/1
chacun/e jede/r/s 2/11
chaîne *f.* Kette 2/8; *hier:* Kanal 10/5
chaîne hi-fi *f.* Stereoanlage 6/2
chaleureux/euse gemütlich, herzlich 9/8
changement *m.* Veränderung 4/5
changer: changer d'avis comme de chemise seine Meinung ständig ändern 2/15; **se changer*** **les idées** auf andere Gedanken kommen 6/7
chant *m.* Gesang 4/A
châtain (kastanien)braun 9/A
château *m.* Schloss 1/1
chauffer qc etw. aufwärmen, heizen 9/8
chemisier *m.* Bluse 2/A
chéri/e *m.f.* Schatz 1/7
cheveu *m.* Haar 9/A
choisit (er/sie) wählt 0/1
choix *m.* Wahl 3/13
chômage *m.* Arbeitslosigkeit 1/1; **être au chômage** arbeitslos sein 1/1
chômeur/euse *m.f.* Arbeitslose/r 10/A
chorale *f.* Chor 4/A
choucroute *f.* Sauerkraut 12/7
cigare *m.* Zigarre 3/2
cimetière *m.* Friedhof 5/5
circonstance *f.* Umstände 3/9
circuit *m. hier*: Verkaufsnetz 2/8
circulation *f.* Verkehr 5/14
circuler herumgehen 1/11
citadin/e *m.f.* Städter/in 11/8
civilisation *f.* Zivilisation, Kultur 10/4
clair/e klar 8/5
classer qc etw. ordnen, sortieren 2/3
cliché *m.* Klischee 10/A
clignotant *m.* Blinker 5/7
clin d'œil *m.* Augenzwinkern 4/1
clinique *f.* Klinik 3/11
coccinelle *f.* (Marien-)Käfer 3/A
cocotte(-minute) *f.* (Schnellkoch-)Topf 0/4
code *m.* Code 11/1; **code de la route** *m.* Straßenverkehrsordnung 5/7
cœur *m.* Herz 1/7; **en avoir le cœur net** wissen, woran man ist 6/13
coffre *m.* Kofferraum 5/A
cohabitation *f.* Zusammenleben 11/1
cohésion *f.* Zusammenhalt 12/4
colère *f.* Zorn, Wut 3/10; **en colère** aufgebracht, verärgert 3/10; **se mettre*** **en colère** wütend werden 5/12
collaboration *f.* Zusammenarbeit 10/8
collant *m.* Strumpfhose 2/A
collégien/ne *m.f.* Schüler/in der Sekundarstufe I 1/1
commande *f.* Bestellung 7/5
commandement *m.* Gebot 5/7
commentaire *m.* Kommentar, Bemerkung 2/12
commercial/e kaufmännisch 7/1
commission *f.* Kommission 10/2
commode *f.* Kommode 6/2
communauté *f.* Gemeinde 12/4
communication *f.* Kommunikation 6/7
communiquer qc à qn jdm etw. mitteilen 8/9
compagnon *m.* Lebensgefährte 11/8
comparaison *f.* Vergleich 1/R3
complet/ète vollständig 8/5
compliment *m.* Kompliment 2/14
comportement *m.* Verhalten 7/6
comprimé *m.* Tablette 9/1
comptabilité *f.* Buchhaltung 7/9
comptable *m.f.* Buchhalter/in 7/2; **aide-comptable** *m.f.* Buchhaltungsgehilfe/gehilfin 7/1
compter zählen 4/14
compteur *m.* Zähler 6/1
concerner qn/qc jdn/etw. betreffen 5/14
conclusion *f.* Schluss, Ende 0/4
concours *m.* Prüfung 7/1
condition *f.* Bedingung 7/1
conducteur/trice *m.f.* Fahrer/in 5/7
conduire qc etw. fahren 3/8
conférence *f.* Konferenz 4/7
confiance *f.* Vertrauen 7/4
confirmation *f.* Bestätigung 1/7
confusion *f.* Verwechslung, Durcheinander, Verwirrung 8/8
connexion *f.* Verbindung 10/7
connu/e bekannt 1/14
consacrer qc à qn/qc jdm/einer Sache etw. widmen 9/14
conseil *m.* Rat 10/2
conseiller qn jdn beraten 7/2
conserver qc etw. behalten, bewahren 12/4
consister en qc aus etw. bestehen 9/8

consommation *f.* Verbrauch 1/R3
constipé/e verstopft 9/7
construire qc etw. bauen 10/A
contact *m.* Kontakt, Beziehung 3/12
contacter qn sich mit jdm in Verbindung setzen 3/11
contraire entgegengesetzt 2/9
contredire qn jdm widersprechen 11/8
contrôle technique *m.* TÜV 5/7
contrôler qc etw. kontrollieren, prüfen 5/7
contrôleur/euse *m.f.* Prüfer/in 7/7; Kontrolleur, Schaffner 10/8
convenir à qn jdm passen 6/12
coquillage *m.* Muschel 4/5
corps *m.* Körper 9/8
correspondance: par correspondance *hier*: Versandhausbestellung 2/8
correspondre à qc etw. entsprechen 1/13
cosmopolite kosmopolitisch 12/12
coton *m.* Baumwolle 2/A
cou *m.* Hals 9/A
se coucher* zu Bett gehen 9/1
coulée de lave *f.* Lavastrom 1/12
coup: d'un seul coup ganz plötzlich 5/8; **être sûr/e de son coup** sich seiner Sache sicher sein 12/4
coupable *m.f.* Schuldige/r, Täter/in 6/13
couper qc etw. abstellen, ausschalten 6/1
coupure *f.* Ausfall, Unterbrechung 8/1
cour *f.* Gerichtshof 10/2; Hof 11/1
courageux/euse mutig 7/14
courrier *m.* Post 7/7
cours *m.* Kurs 8/4; **au cours de** im Laufe 9/14
cousin/e *m.f.* Cousin/e 1/1
coûter les yeux de la tête ein Vermögen kosten 1/1
craquer die Nerven verlieren, zusammenbrechen 9/6
création *f. hier*: Gründung 10/5
créer qc etw. schaffen, kreieren 4/5
crever platzen 5/A
croire glauben 8/1; **ne pas en croire ses yeux** seinen Augen nicht trauen 11/16
croiser qc etw. kreuzen 5/5; **croiser qn** jdm begegnen, jdn treffen 11/16
croisière *f.* Kreuzfahrt 1/1
cruel/le grausam 8/11
cuir *m.* Leder 2/A
cuisinier/ère *m.f.* Koch/Köchin 3/6
cuisinière *f.* Herd 6/2
culture *f.* Kultur 4/A
cure *f.* Kur 9/8
curieux/euse neugierig 3/10
CV *Abk.* **curriculum vitae** *m.* Lebenslauf 7/1

D

d'ailleurs übrigens 12/4
d'avance im voraus 11/1
daim *m.* Damwild 11/16
dame *f.* Dame 2/2
danser tanzen 1/1
débat *m.* Debatte 11/8
décision *f.* Entscheidung 7/7
décontracter entspannen 9/8
déçu/e enttäuscht 12/1
défaut *m.* Fehler 7/13
défi *m.* Herausforderung 7/1
défilé de mode *m.* Modeschau 2/10
définition *f.* Definition 11/19
dégât *m.* Schaden 8/3
dégoûtant/e ekelhaft 11/8
délaisser qn/qc etw. vernachlässigen, jdn verlassen 12/4
demande *f.* Bitte 11/3
demandeur/euse d'emploi *m.f.* Arbeitssuchende/r 7/1
déménager umziehen 6/A
demeurer bleiben 12/1
démolir qc etw. abreißen 12/A
dent *f.* Zahn 9/7; **brosse à dents** *f.* Zahnbürste 6/13
département *m.* Departement 10/4
dépaysement *m.* Umstellung, Fremdheitsgefühl 1/1
se dépêcher* sich beeilen 5/1
dépendre de qn/qc auf jdn/etw. angewiesen sein, von jdm/etw. abhängen 9/14
déranger qn/qc jdn/etw. stören 6/1
dernièrement vor kurzem, neulich 2/A
déroulement *m.* Verlauf 7/5
dès que sobald 10/8
désagréable unangenehm 11/1
descendre* heruntergehen 1/7
description *f.* Beschreibung 6/1
désirer qc etw. wünschen 5/8
dessiner qc etw. zeichnen 6/6
dessous: en dessous darunter 2/8
destination *f.* Ziel 1/4
détail *m.* Detail 6/12
se détendre* sich entspannen 9/6
détente *f.* Entspannung 9/8
détourner qc etw. umleiten 5/14
développement *m.* Entwicklung 6/7
développer qc etw. entwickeln 10/8
devise *f.* Devise, Motto 12/12
devoir *m.* Hausaufgabe 7/12
diagnostiquer qc etw. diagnostizieren 9/14
dialecte *m.* Dialekt 10/A
diarrhée *f.* Durchfall 9/5
différent/e unterschiedlich, verschieden 3/14
difficile schwierig 4/5
digestion *f.* Verdauung 9/14
diminuer zurückgehen 6/7
diplôme *m.* Diplom 3/11
diplômé/e diplomiert 7/1
directeur/trice *m.f.* Direktor/in, Leiter/in 7/7
direction *f.* Lenkung, Steuerung 5/7; Geschäftsführung 8/8
discipline *f.* Disziplin 10/A
discours *m.* Rede 9/14
discussion *f.* Diskussion 1/R3
disparaître verschwinden 3/8
disparition *f.* Verschwinden 3/8
dispute *f.* Streit 3/8
disque *m.* Schallplatte 12/7
distinguer qc de qc etw. von etw. unterscheiden 7/2
divers/e verschieden 1/12
doigt *m.* Finger 5/5
domaine *m.* Bereich 7/9
domestique Haus- 11/8
dont *hier*: deren 12/1
dormir schlafen 1/1
dos *m.* Rücken 9/A
dossier *m.* Akte, Unterlage 12/1
doubler qc etw. verdoppeln, *hier*: (durch eine zweite Brücke) ergänzen 10/8
se doucher* duschen 5/3
douleur *f.* Schmerz 9/14
drap *m.* Bettlaken 6/1
drapeau *m.* Fahne, Flagge 12/12
droit *m.* Recht 10/2; **avoir le droit de** das Recht haben zu 12/7
drôle lustig 4/1
durée *f.* Dauer 12/11

E

échange *m.* Austausch 3/13
échelle *f.* Leiter 5/5
éclairage *m.* Licht, Beleuchtung 5/7
éclairer leuchten 5/9
école maternelle *f.* Kindergarten 4/1
écologie *f.* Ökologie 10/14
écraser qc etw. ausdrücken, zerdrücken 6/13
écriture *f.* Schreiben 4/A
écrivain *m.* Schriftsteller/in 4/7
écureuil *m.* Eichhörnchen 11/16
efficace wirksam, effizient 10/8
effort *m.* Bemühung 11/1
également auch, ebenfalls 10/5
électricité *f.* Strom 6/1
électrique Strom-, elektrisch 6/1
électroménager *m.* Elektrogeräte für den Haushalt 7/1
éléphant *m.* Elefant 11/16
élever qn jdn erziehen 7/7; **bien élevé/e** gut erzogen 8/13
embauche *f.* Einstellung 2/2
emblème *m.* Emblem, Kennzeichen 12/12
embouteillage *m.* Stau 6/7

embrayage *m.* Kupplung 5/7
émigration *f.* Auswanderung 12/1
émigrer auswandern 12/1
émission *f.* Sendung 0/4
empire *m.* Reich 10/4
emploi *m.* Stelle 7/2
employer qc etw. verwenden 2/15
emporter qc etw. mitnehmen 2/A
empreinte *f.* Abdruck 6/13
emprunter qc à qn sich bei jdm etw. ausleihen 4/9
ému/e bewegt 11/16
en effet in der Tat, stimmt 9/1
en même temps gleichzeitig 4/1
encadré *m.* *hier:* Kasten 3/11
s'endormir* einschlafen 5/1
énergie *f.* Energie, Kraft 9/8
énerver: c'est énervant das macht einen wahnsinnig 10/8; **s'énerver*** sich aufregen 5/13
enfance *f.* Kindheit 3/2
enlever qc etw. wegnehmen 2/8
enquête *f.* Umfrage 1/1
enregistrer qc etw. verzeichnen 8/3
enrhumé/e erkältet 9/7
enseignement *m.* Unterricht 7/1
enseigner qc etw. unterrichten 8/7
ensemble zusammen 1/4
entendre parler de qn/qc von jdm/etw. hören 3/8
enterrement *m.* Beerdigung 5/5
entrée *f.* Eintritt, *hier:* Aufnahme 3/11
entretien *m.* Gespräch 2/2; Pflege 2/3
envahir qc etw. einfallen, *hier:* überschwemmen 11/1
environnement *m.* Umgebung 9/8
envoyé/e spécial/e *m.f.* Korrespondent/in 8/3
s'épanouir* aufblühen 7/A
épaule *f.* Schulter 9/A
épouser qn jdn heiraten 3/2
erreur *f.* Fehler 5/2
éruption *f.* Eruption, Aussbruch 1/12
escargot *m.* Schnecke 12/7
espace *m.* Weltraum 1/12; Raum 12/4
espagnol *m.* Spanisch 7/1
espèce *f.* Art 11/16
essai *m.* Essay 4/9
essentiel/le wesentlich, wichtig 0/4
essuie-glace *m.* Scheibenwischer 5/7
étagère *f.* Regal 6/1
état *m.* Zustand 2/3; **état d'esprit** *m.* Einstellung, Geisteshaltung 3/10
État *m.* Staat 7/1;
éteindre qc etw. ausschalten 8/A
s'étendre* à sich bis zu etw. ausbreiten 12/7
étiquette *f.* Etikett, Preisschild 2/8
étoile *f.* Stern 1/1; **à la belle étoile** unter freiem Himmel, im Freien 1/1
étrange merkwürdig 3/8
étranger/ère ausländisch 7/2
être: être à l'heure pünktlich sein 7/6; **être facile/difficile d'approche** leicht/schwer zugänglich sein 12/4
étroit/e eng 10/8
études *f.Pl.* Studium 7/1
étudier qc etw. studieren 3/14
européen/ne europäisch 10/A
eurorégion *f.* Euroregion 10/8
éventuellement eventuell, unter Umständen 2/3
évidemment selbstverständlich 5/8
évier *m.* Spülbecken 6/1
éviter de vermeiden zu 5/14
évolution *f.* Entwicklung 4/5
exagérer übertreiben 8/1
examen *m.* Prüfung 5/6
exister: il existe es existiert, es gibt 11/1
expérience *f.* Erfahrung 7/1
explication *f.* Erklärung 3/8
expliquer qc à qn jdm etw. erklären 2/13
exploration *f.* Erforschung 1/12
exposer qc etw. ausstellen 4/1
exposition *f.* Ausstellung 1/1
exprimer qc etw. ausdrücken 10/9
extrait *m.* Auszug 4/5
extraordinaire außerordentlich 4/5
extrêmement äußerst 8/3

F

fabriquer qc etw. herstellen 4/7
fac *Abk.* **faculté** *f.* Uni 7/2
facile einfach 7/2
faciliter qc etw. erleichtern, begünstigen 9/8
faire: Il fait bon flâner! Schön ist es zu flanieren! 11/16; **faire attention à qn/qc** auf jdn/etw. achten 11/A; **faire connaissance** sich kennen lernen 1/4; **faire découvrir qc à qn** jdm/etw. entdecken lassen 1/12; **faire du bruit** Lärm, Krach machen 3/6; **faire du lèche-vitrines** einen Schaufensterbummel machen 9/13; **faire la cuisine** kochen 4/A; **faire la manche** betteln 2/15; **faire la queue** Schlange stehen, anstehen 6/7; **faire la vaisselle** abspülen 6/13; **faire le point** Bilanz ziehen 9/14; **faire penser à qn/qc** an jdn/etw. erinnern 4/6; **faire ses besoins** sein kleines Geschäft erledigen 11/8; **faire venir qn** jdn kommen lassen 4/8; **se faire* des amis** Freunde finden 12/1; **se faire* du souci pour qn** sich um jdn Sorgen machen 8/11
faisan *m.* Fasan 11/16
familial/e Familien- 3/A
fatigant/e anstrengend 6/7
fatigue *f.* Müdigkeit 9/9
fauteuil *m.* Sessel 6/1
félicitations *f.Pl.* Glückwünsche 11/1
fer à repasser *m.* Bügeleisen 6/2
fermer qc etw. schliessen 2/13
féroce unbarmherzig, böse 12/4
ferroviaire Eisenbahn- 10/8
fesse *f.* Gesäßbacke 9/A
feu *m.* Feuer 4/1
feuille *f.* Blatt 4/7; **feuille de soins** *f.* Krankenschein 9/5
fiancé/e *m.f.* Verlobte/r 3/8
fiancé/e verlobt 3/2
fier/ère stolz 3/11
fierté *f.* Stolz 10/A
fièvre *f.* Fieber 9/1
figurer stehen 12/12
financer qc etw. finanzieren 10/8
financier/ère finanziell 7/7
finir enden 2/11; **finir par faire qc** schließlich etw tun 9/14
fixer un rendez-vous einen Termin festlegen 8/11
flâner flanieren 11/16; **Il fait bon flâner!** Schön ist es zu flanieren! 11/16
fleuve *m.* Fluss 10/A
fluide flüssig 5/14
foie gras *m.* Entenleber 12/7
fonction *f.* Tätigkeit 7/7
fonctionnaire *m.f.* Beamte/Beamtin 7/1
fonctionner funktionnieren 7/10
fonder qc etw. gründen 12/4
formation *f.* Ausbildung 7/1; **formation continue** *f.* Fortbildung, Weiterbildung 7/9
formuler qc etw. formulieren 10/3
fort/e stark 9/A; *hier:* laut 11/6
fou/folle verrückt 4/1; **monde fou** *m.* riesige Menge 1/1
franchement ehrlich 12/4
francophone französischsprachig, frankofon 12/1
frein *m.* Bremse 5/7
freiner bremsen 5/9
frigidaire *m.* Kühlschrank 6/1
frontalier/ère Grenz- 10/8
frontière *f.* Grenze 5/14
fructueux/euse fruchtbar 12/1
fumée *f.* Rauch 11/1
fumer qc etw. rauchen 3/2
furieux/euse wütend, zornig 11/4

G

gagner verdienen 7/A; gewinnen 9/13; **gagner de la place** Platz gewinnen 12/A
gamin/e *m.f.* Kind 11/A
garagiste *m.f.* Automechaniker/in 5/7
garantir qc etw. garantieren 10/8
garçon *m.* Junge 3/8
garder qn/qc auf jdn/etw. aufpassen, hüten 11/15

gardien/ne *m.f.* Wächter, Hausmeister 11/1
gazole *m.* Diesel 5/13
gastroentérite *f.* Magen-Darm-Entzündung 9/5
gastronomie *f.* Gastronomie 10/1
gendarmerie *f.* Gendarmerie 8/3
gendre *m.* Schwiegersohn 3/2
gêner qn jdn stören, in Verlegenheit bringen 2/2
en général in der Regel, im Allgemeinen 5/4
généraliser verallgemeinern 11/8
généreux/euse großzügig 7/14
générosité *f.* Großzügigkeit 7/13
genou *m.* Knie 9/A
genre de *m.* Gattung, *hier*: Art, Sorte 4/9
géographie *f.* Erdkunde 7/1
gérant/e *m.f.* Geschäftsführer/in 7/7
gérer qc etw. verwalten 7/7
gorge *f.* Hals, Rachen 9/1
gorgée *f.* Schluck 12/7
gorille *m.* Gorilla 11/16
goutte *f.* Tropfen 9/1
grâce à dank 12/4
grand-père *m.* Großvater 3/1
grande surface *f.* Supermarkt 2/8
grandeur nature lebensgroß 1/12
gratte-ciel *m.* Wolkenkratzer 12/A
gratuit/e kostenlos 4/7
grève *f.* Streik 12/9
gril *m.* Grill 11/1
grillade *f.* Grillade, gegrilltes Fleisch 11/1
grossir qn jdn dick machen 2/8
guerre *f.* Krieg 10/4
gueule de bois *f.* Kater 9/5

H

habiller anziehen 3/8; **être habillé/e** angezogen sein 3/8; **s'habiller*** sich anziehen 8/13
habitude *f.* Gewohnheit 12/11; **d'habitude** normalerweise 1/1
hall *m.* Eingangshalle 11/1
hamster *m.* Hamster 11/13
harmonie *f.* Harmonie 4/5
hasard *m.* Zufall 7/9; **par hasard** zufällig 7/9
hebdomadaire wöchentlich 8/6
HEC *Abk.* **Hautes Études Commerciales** Elitehochschule für Betriebswirtschaft 8/7
hésiter à zögern zu 4/1
heureusement glücklicherweise 8/3
heureux/euse glücklich 3/10
honte *f.* Schande 10/8
hôpital *m.* Krankenhaus 8/3
horaire *m.* Arbeitszeit 7/1
huguenot/e *m.f.* Hugenotte/Hugenottin 0/4
huître *f.* Auster 0/3
humain/e Menschen-, menschlich 10/13
humeur *f.* Laune 5/1
humide feucht 8/3
hygiène *f.* Hygiene 7/7
hyper hyper, über- 12/4

I

identité *f.* Identität 12/4
il faut ... man muss ... 2/2
il y a vor (+ Zeitangabe) 3/2
illustrateur/trice *m.f.* Illustrator/in 4/7
illustrer qc etw. illustrieren 4/1
image *f.* Bild 0/4
imagé/e bildhaft 4/14
imaginaire *m.* Imaginäre, Vorstellung 12/4
imagination *f.* Fantaisie, Vorstellungskraft 1/R3
immeuble *m.* Gebäude 6/A
immigrant/e Immigrant/in 12/2
immigration *f.* Einwanderung 12/1
imparfait/e unvollkommen, nicht perfekt 3/1
impatience *f.* Ungeduld 1/7
impatient/e ungeduldig 10/9
s'impatienter* ungeduldig werden 10/8
importance *f.* Bedeutung, Einfluss 8/7
impossible unmöglich 7/2
impôt *m.* Steuer 11/8
impression *f.* Eindruck 8/12
imprimer qc etw. drucken 4/7
imprimerie *f.* Buchdruck 10/4
imprimeur/euse *m.f.* Buchdrucker/in 4/11
inadmissible untragbar, unzumutbar 11/1
incandescent/e glühend 1/12
inchangé/e unverändert 6/7
inconvénient *m.* Nachteil 6/A
indépendant/e unabhängig 2/8
indifférence *f.* Gleichgültigkeit 4/6
indifférent/e gleichgültig 3/10
indispensable notwendig 7/1
industrie *f.* Industrie 10/4
infériorité *f.* Unterlegenheit 12/4
infiniment unendlich 11/1
infirmier/ère *m.f.* Krankenpfleger/-schwester 7/1
informatique *f.* Informatik 7/1
informer qn jdn informieren 8/5; **s'informer*** sich informieren, sich erkundigen 8/5
initiation *f.* Einführung 4/5
inondation *f.* Überschwemmung, Hochwasser 8/1
inonder qc etw. überschwemmen 8/3
insolation *f.* Sonnenstich 9/5
s'installer* sich niederlassen 6/7
instinct *m.* Instinkt 4/5
instinctif/ive instinktiv 4/5
institution *f.* Institution, Einrichtung 10/2
insulte *f.* Beleidigung 12/8
intelligence *f.* Intelligenz 7/13
intelligent/e intelligent 7/14
interdit/e verboten 12/9
intéresser qn jdn interessieren 4/A; **s'intéresser* à qn/qc** sich für jdn/etw. interessieren
intérêt *m.* Interesse 8/6
interlocuteur/trice *m.f.* Gesprächspartner/in 9/14
intermédiaire: par l'intermédiaire de qn/qc über jdn/etw. 10/13
international/e international 8/3
interrogation *f.* Frage, Fragestellung 1/R3
interrompre qn/qc jdn/etw. unterbrechen 11/8
interruption *f.* Unterbrechung 9/14
interviewer qn jdn interviewen 6/5
intitulé/e den Titel tragen 12/7
introduction *f.* Einführung 10/4
invitation *f.* Einladung 1/R3
itinéraire de délestage *m.* Umleitung 5/14

J

jamais jemals 8/3
jambe *f.* Bein 8/11
jeter qc etw. werfen 2/11
jeu de mots *m.* Wortspiel 4/14
jeûner fasten 9/12
jeunesse *f.* Jugend 10/8
joli/e hübsch, schön 2/8
jouet *m.* Spielzeug 11/1
journal intime *m.* Journal 4/A
journal télévisé *m.* Fernsehnachrichten 8/2
justement gerade 8/1

L

la plupart die meisten 8/6
labo *Abk.* **laboratoire** *m.* Labor 6/13
lac *m.* See 12/7
lâche feige 7/14
laid/e hässlich 7/14
laine *f.* Wolle 2/A
laisser lassen 3/13
laver qc etw. waschen 2/2
lave-vaisselle *m.* Spülmaschine 6/2
laxatif *m.* Abführmittel 9/14
lecteur/lectrice *m.f.* Leser/in 3/14
lendemain *m.* Tag darauf, folgender Tag 3/8
lentement langsam 4/7
lettre de motivation *f.* Bewerbungs-schreiben 7/1
se lever* aufstehen 5/1
lexique *m.* Lexikon 12/8
libéral/e liberal 8/6
libéré/e befreit, gelöst 9/9
libérer qc etw. befreien 10/4
liberté *f.* Freiheit 1/2

libraire *m.f.* Buchhandler/in 4/8
librairie *f.* Buchhandlung 4/7
lin *m.* Leinen 2/A
linguistique linguistisch, Sprach- 10/13
lion *m.* Löwe 11/16
littéraire literarisch 3/14
livreur/euse *m.f.* Auslieferer/in 3/11
locataire *m.f.* Mieter/in 11/1
loi *f.* Gesetz 12/4
Lorraine *f.* Lothringen 10/4
loyer *m.* Miete 6/13
luxe *m.* Luxus 1/2
lys *m.* Lilie 12/12

M

machine à laver *f.* Waschmaschine 2/2
magique magisch 4/1
magnétoscope *m.* Videorekorder 9/14
magret de canard *m.* Entenbrust 12/7
mail *m.* Email 1/7
maillot (de bain) *m.* Badehose, Badeanzug 1/A
main *f.* Hand 4/14
mairie *f.* Rathaus 1/1
maison d'édition *f.* Verlag 3/14
maître/esse *m.f.* Herrchen/Frauchen 11/8
mal *m.* Böse, Übel 7/A
maladie *f.* Krankheit 9/5; **caisse de maladie** *f.* Krankenkasse 9/5
malgré trotz 12/4
malheureux/euse unglücklich 11/9
manière *f.* Art 12/4
manif *Abk.* **manifestation** *f.* Demonstration 12/7
manifestation *f.* Manifestation, Anzeichen 1/12
manquer fehlen 9/A
manuel/le Hand-, manuell 4/7
maquette *f.* Layout 4/1
marchand/e *m.f.* Verkäufer/in 4/8
mariage *m.* Hochzeit 3/11
marié/e *m.f.* Braut/Brautigam 3/1
se marier* heiraten 5/3
marque *f.* Marke 2/8
marquer qn einen bleibenden Eindruck hinterlassen 11/16
martre *f.* Marder 11/16
mascotte *f.* Maskottchen 5/1
massage *m.* Massage 9/8
matériel/le Sach- 8/3
matière *f.* Material, Stoff 4/5
maudit/e verdammt, verflucht 12/4
mauvais/e schlecht 1/1
méchant/e böse 7/14
mécontentement *m.* Unzufriedenheit 11/3
média *m.* Media 8/5
médicament *m.* Medikament 9/1
mégot *m.* Kippe, Stummel 6/13
meilleur/e besser 4/4
mélange *m.* Mischung 12/A
membre *m.* Mitglied 9/8
même pas nicht einmal 3/8
menacer qc/qn etw. gefährden, jdn bedrohen 8/3
ménage *m.* Hausputz 6/13; Haushalt 11/8
mener à qn/qc zu jdm/etw. führen 7/2
mensuel/le monatlich 8/6
mentalité *f.* Mentalität 10/12
mériter de etw. wert sein, etw. verdienen 10/13
merveilleux/euse wunderbar 1/1
mesure: dans la mesure où sofern, insoweit als 12/4
métropole *f.* Metropole 12/12
mettre qc *hier*: etw. abgeben 2/2; **mettre au point qc** etw. entwickeln, ausarbeiten 10/4; **mettre la puce à l'oreille de qn** jdn hellhörig/misstrauisch machen 6/13 ; **se mettre** sich hinstellen, hinsetzen, hinlegen 5/1; **se mettre* d'accord** sich einigen 7/5; **se mettre* en colère** wütend werden 5/12; **se mettre* une chose en tête** sich etw. einprägen 12/4
meuble *m.* Möbelstück 6/1
meubler qc etw. einrichten 6/1
Midi *m.* Südfrankreich 8/1
mieux besser 0/2
mignon/ne süß, niedlich 11/A
milieu *m.* Umwelt, Milieu 11/16; **au milieu** in der Mitte 3/2
mimer qn/qc jdn/etw. nachahmen 3/7
mince schlank 9/A
mineur/e minderjährig 7/1
moche hässlich, scheußlich 8/11
mode d'emploi *m.* Gebrauchsanweisung 9/14
mode de vie *m.* Lebensweise 6/7
moins de nicht einmal, weniger als 6/7; **au moins** mindestens 1/4; **de moins en moins** immer weniger 10/4
moitié *f.* Hälfte 12/1
moment: en ce moment zur Zeit 7/2
monde fou *m.* riesige Menge 1/1
monter hinaufsteigen 11/1
montrer qc etw. zeigen 3/2
se moquer* de qn/qc sich über jdn/etw. lustig machen 8/11
mort *f.* Tod 4/5; **attraper la mort** sich den Tod holen 8/11
moteur *m.* Motor 5/7
motoneige *f.* Schneemobil 12/8
mourir sterben 4/7
moutarde *f.* Senf 0/3
mouton *m.* Schaf 11/1
moyen *m.* Mittel 7/A; **Moyen-Âge** *m.* Mittelalter 10/4
multiculturel/le multikulturell 12/12
mur *m.* Wand, Mauer 4/7
mystère *m.* Geheimnis 4/1
mystérieux/euse geheimnisvoll 4/1

N

natalité *f.* Geburtenziffer 12/1
national/e national 8/3
ne: ne ... plus que nur 3/2; **ne ... jamais** nie 1/4; **ne ... ni** weder ... noch 3/8; **ne ... personne** niemand 11/12; **ne ... que** nur 8/7
négative negativ 4/6
nerveux/euse nervös 3/10
nettoyage *m.* Reinigung, Putzen 11/8
nettoyer qc etw. reinigen, putzen 11/13
neuf/ve: tout/e neuf/ve ganz neu 2/2
neveu *m.* Neffe 3/1
nez *m.* Nase 9/A
ni ... ni weder ... noch 5/7
nièce *f.* Nichte 3/1
niveau *m.* Niveau 7/1
nombre de viele 6/7
nombreux/euses zahlreich 1/12
nommer qn/qc jdn/etw. benennen 2/7
non: non pas nicht 1/7; **non plus** auch nicht 1/7
normalement normalerweise 2/12
notamment vor allem, besonders 10/4
nourrir ernähren 9/8
nouveau/nouvelle neu 7/9; **à nouveau** erneut 10/4
nouvelles *f.Pl.* Nachricht 3/2
numéro vert *m.* Gratisrufnummer 8/3

O

obéir à qn jdm gehorchen 11/12
objectif *m.* Ziel 10/13
objectif/ive objektiv, sachlich 8/5
objet *m.* Objekt 6/2
obligatoire Pflicht-, obligatorisch 5/7
obliger qn à jdn zwingen zu 11/8
observer qn/qc jdn/etw. beobachten 11/A
obtenir qc etw. bekommen, erhalten 3/14
occasion *f. hier*: Gebrauchtware 5/8
s'occuper* de qn/qc sich um jdn/etw. kümmern 5/8
odeur *f.* Geruch 0/4
œil (*Pl.* yeux) *m.* Auge 6/13; **ne pas en croire ses yeux** seinen Augen nicht trauen 11/16
œillet *m.* Nelke 5/5
œuvre d'art *f.* Kunstwerk 0/3
offrir qc à qn jdm etw. anbieten 1/12; **s'offrir* qc** sich etw. leisten 9/9
oiseau *m.* Vogel 11/10
oncle *m.* Onkel 3/2
opération *f. hier*: Aktion 1/1
opinion *f.* Meinung 12/4
or *m.* Gold 4/1
ordinaire gewöhnlich 8/11
ordonnance *f.* Rezept 9/5
OTAN *f.* NATO 10/2
oublier qc etw. vergessen 1/A
outil *m.* Werkzeug 6/7

P

pas mal de ziemlich viel/e 12/4
paye *f.* Lohn 7/7
panique *f.* Panik 2/2
panne *f.* Panne 5/A; **tomber*** **en panne** eine Panne haben 7/10
paraître erscheinen 9/14
pardonner qc à qn jdm etw. verzeihen 8/11
pare-brise *m.* Windschutzscheibe 5/7
pare-choc *m.* Stoßstange 5/7
parisien/ne Pariser, aus Paris 6/7
parlement *m.* Parlament 10/2
parmi unter, zwischen 7/A
partage *m.* Teilung, Teilen 3/13
partenariat *m.* Zusammenarbeit, Partnerschaft 10/5
participer à qc an etw. teilnehmen 11/8
partie *f.* Teil 8/1
partir wegfahren 1/1; **à partir de** ab, von ... an 7/2
partout überall 3/2
parution *f.* Erscheinen 12/7
pas mal de ziemlich viel/e 12/4
passage *m.* Übergang 4/5
passer* vorbeigehen 1/7; vergehen 3/2; **se passer*** geschehen, passieren 5/A
passionnant/e faszinierend, spannend 4/4
passionné/e de -Fan, -Begeisterte/r 3/8
pâtissier/ère *m.f.* Konditor/in 7/1
patrie *f.* Heimat 12/5
pauvre arm 8/1
Pays de Galles *m.* Wales 4/8
paysan/ne *m.f.* Bauer/Bäuerin 10/4
peindre qc etw. malen 4/5
peintre *m.f.* Maler/in 4/1
peine *f.* Mühe 5/8; **ce n'est pas la peine** es lohnt sich nicht 5/8
pendant que während 6/1
pensée *f.* Gedanke 8/14
perdre: perdre du poids (an Gewicht) abnehmen 9/14; **être perdu/e** verloren sein 12/4; **se perdre*** sich verlaufen, verfahren 5/3
périphérique *m.* Ringautobahn (um Paris) 1/7
permettre à qn de jdn berechtigen zu 9/5
personne âgée *f.* älterer Mensch 11/1
personnel/le des persönlichen Gebrauchs 3/8
peupler qc in etw. leben, etw. bevölkern 11/16
peur *f.* Angst 2/16
peut-être vielleicht 4/7
phare *m.* Scheinwerfer 5/7
phénomène de société *m.* gesellschaftliches Phänomen 11/8
philosophie *f.* philosophie 3/14
photocopie *f.* Fotokopie 2/13
photocopieuse *f.* Fotokopierer 7/10
photographe *m.f.* Fotograf/in 3/2
photographier qn/qc jdn/etw. fotografieren 11/16
placard *m.* Schrank 6/1
place *f.* Platz, Stelle 9/6; **à ta place** an deiner Stelle 9/6; **sur place** vor Ort 1/12
placer qn/qc jdn/etw. stellen, setzen 3/4
plaire à qn jdm gefallen 4/6
plaisanter: ne pas plaisanter avec qc keinen Spaß verstehen 5/8
plaisanterie *f.* Witz 0/4
plancher *m.* Fußboden 12/7
plante *f.* Pflanze 6/13
planter: être planté/e wie angewurzelt sein 11/A
plaque d'immatriculation *f.* Autokennzeichen 12/12
plein temps *m.* Vollzeit 7/1
plomb *m.* Blei 4/1
plus: de plus außerdem 11/1
pluvieux/euse regnerisch 5/6
pneu *m.* Reifen 5/A
poème *m.* Gedicht 4/A
poisse *f.* Pech 5/1
poitrine *f.* Brust 9/A
pôle *m.* Pol, Zentrum 10/5
poli/e höflich 8/13
pompier *m.* Feurwehrmann 8/3
population active *f.* berufstätige Bevölkerung 10/4
porte-bonheur *m.* Glücksbringer 5/1
porter: porter bonheur Glück bringen 5/5; **porter malheur** Unglück bringen 5/5; **porter plainte** eine Strafanzeige stellen 6/13
portière *f.* Tür 5/7
poser Modell stehen 3/7; **poser un problème à qn** für jdn problematisch sein 9/14
positif/ive positiv 4/6
posséder qc etw. besitzen 11/8
poste *m.* Stelle 7/6
pot d'échappement *m.* Auspuff 5/7
potion magique *f.* Zaubertrank 9/8
poule *f.* Henne 10/8; **Quand les poules auront des dents** Wenn Ostern und Pfingsten auf einen Tag fallen 10/8
pour que damit 8/7
pourcentage *m.* Prozentsatz 10/2
pourriez-vous könnten Sie 2/8
pousser qc *hier*: etw. rücken 6/1; **pousser qn à** jdn verleiten zu 6/7
poussette *f.* Kinderwagen 11/1
pouvoir *m.* Macht 7/A
pratiquement so gut wie, praktisch 6/7
pratiquer qc etw. ausüben 1/12
précédent/e vorige/r/s 12/1
préférence *f.* Vorliebe 8/7; **de préférence** möglichst, vorzugsweise 8/7
prendre: prendre conscience de qc sich einer Sache bewusst sein 9/14; **prendre des gants** mit Samthandschuhen anfassen 2/15; **prendre du poids** (an Gewicht) zunehmen 9/14; **prendre possession de qc** etw. in Besitz nehmen 10/4; **prendre une photo** ein Foto machen 12/A; **prendre une veste** eine Schlappe erleiden 2/15
préparation *f.* Vorbereitung 1/R3
près: à peu près ungefähr 2/2
présence *f.* Anwesenheit 8/8
presque fast 3/2
presse *f.* Presse 8/6
pressing *m.* Reinigung 2/2
pression *f.* Druck 5/7
prévenir qn jdn warnen 6/1
prévoir vorsehen, veranschlagen 11/1
prier qn de jdn bitten zu 11/1
prime *f.* Zulage 7/1
privilège *m.* Privileg, Vorteil 8/3
proche nah/e 9/14
professionnel/le *m.f.* Fachmann/-frau 7/1
professionnel/le beruflich 6/1
profiter de qc etw. (aus)nutzen 6/1
progrès *m.* Fortschritt 4/5
promener spazieren führen 11/9; **se promener*** spazieren gehen 5/3
promettre qc à qn jdm etw. versprechen 7/9
prononciation *f.* Aussprache 1/R3
proposition *f.* Vorschlag 2/2
propre eigen 4/1
propreté *f.* Sauberkeit 11/8
propriétaire *m.f.* Eigentümer/in 6/1
protéger schützen 11/16
protestation *f.* Protest(-aktion) 2/2
protester contre qc gegen etw. protestieren 11/9
province *f.* Provinz 6/7
prudemment vorsichtig 5/7
public: grand public *m.* breites Publikum 11/16
puisque da 7/13

Q

qu'importe was macht das schon, was bedeutet das schon 12/1
quand même *hier*: doch 1/A
quart d'heure *m.* Viertelstunde 3/2
Québécois/e *m.f.* Quebecer/in 12/3
québécois/e aus Quebec 12/4
quelque part irgendwo, irgendwohin 9/1
quitter qn/qc jdn verlassen, etw. aufgeben 3/8
quoi was 11/A
quotidien *m.* Tageszeitung 8/6

R

raccord *m.* Überleitung 10/8
racheter qc etw. zurückkaufen 5/8
raconter qc à qn jdm etw. erzählen 3/2
raison *f.* Grund 6/1; **avoir raison** Recht haben 2/8
raisonnable vernünftig 2/8
rangement *m.* Verstauen, Aufräumen 2/3
rapidement schnell 1/7
rappeler qn/qc à qn jdn an jdn/etw erinnern 8/9
rapport *m.* Beziehung 12/1; **par rapport à qn/qc** im Vergleich zu jdm/etw. 12/4
rapporter qc à qn jdm von etw. berichten 8/3
rapprochement *m.* Annäherung 6/7
rapprocher qc etw. näher rücken 6/1
rare selten 4/7
rattacher qc à qc etw. an etw. anschließen 10/4
ravi/e begeistert 6/1
réalité *f.* Wirklichkeit, Realität 8/11
réaménager etw. neu gestalten 12/A
recevoir qc etw. bekommen 6/12
recherche *f.* Forschung 7/1
rechercher qn jdn suchen 7/1
réclamation *f.* Beschwerde, Reklamation 11/7
recommander de empfehlen zu 5/8
reconnaissant/e dankbar 11/1
reconnaître qn/qc jdn/etw. wieder erkennen 1/14
reconstitution *f.* Rekonstruktion 1/12
recruter qn jdn rekrutieren, anwerben 7/2
réduction *f.* Verkürzung 12/8
référence *f.* Referenz 7/1
réfléchir überlegen 2/8
refuge *m.* Zuflucht 0/4
regard *m.* Blick 4/1
regarder qn jdn angehen, betreffen 12/4
règle *f.* Regel 6/3
regret *m.* Bedauern 8/9; **j'ai le regret de ...** zu meinem Bedauern muss ich ... 8/9
regretter qc etw. bedauern 8/11
se regrouper* sich zusammen schließen 12/4
régulièrement regelmäßig 5/7
rejoindre qc etw. erreichen 12/4
relation *f.* Beziehung 11/1
relativement relativ 12/4
relaxant/e entspannend 9/12
relaxation *f.* Entspannung 9/8
relever qc etw. feststellen, notieren 4/14
remarquer qc etw. bemerken 8/6
rembourser qc à qn jdm etw. zurückerstatten 9/5
remercier qn jdm danken 0/4
remonter les bretelles à qn jdm die Leviten lesen 2/15
remplacer qc etw. ersetzen 4/2
renard *m.* Fuchs 11/16
rencontrer qn jdn treffen 4/7
rendez-vous *m.* Termin 8/11; **rendez-vous amoureux** *m.* Rendezvous 0/4; **fixer un rendez-vous** einen Termin festlegen 8/11
renfermer qc etw. enthalten, beinhalten 11/16
renforcer qc etw. verstärken 12/4
renommée *f.* Renommee, guter Ruf 12/7
réparation *f.* Reparatur 5/9
réparer qc etw. reparieren 5/8
repartir weggehen 4/7
repasser noch einmal vorbeikommen 5/8; **repasser qc** etw. bügeln 2/2
repère *m.* Orientierungspunkt 3/8
répondre qc à qn jdm etw. antworten 1/A
repos *m.* Ruhe, Ruhepause 11/1
se reposer* sich erholen 9/1
représenter qc *hier*: etw. ausmachen 2/8; **représenter qc/qn** jdn/etw. darstellen 12/13
répression *f.* Verfolgung, Unterdrückung 12/4
résidence *f.* Wohnanlage 9/8
résister à qc etw. Stand halten 12/8
résolution *f.* Beschluss, Resolution 12/4
respect *m.* Einhaltung, Respekt 5/9
respecter qc etw. beachten 5/7
responsabilité *f.* Verantwortung 7/4
responsable *m.f.* Leiter/in 7/1; **être responsable de qc** für etw. zuständig sein 7/7
ressembler à qn/qc jdm/einer Sache ähnlich sein 10/10
ressources humaines *f.Pl.* Personal 7/7
résumer qc etw. zusammenfassen 0/4
retour *m.* Rückkehr 1/9
retourner sa veste sein Fähnchen nach dem Wind drehen 2/15
retrouver qc etw. wieder finden 1/1
rétroviseur *m.* Rückspiegel 5/7
réunir qn/qc jdn/etw. miteinander verbinden 10/A
réussir à jdm gelingen zu 12/4
rêve *m.* Traum 3/11
se réveiller* aufwachen 5/4
revenir* zurückkommen 2/8; wiederkommen 12/4
rêver träumen 4/7
revoir qn/qc jdn/etw. wiedersehen 12/4
rhénan/e rheinisch 10/4
riche reich 1/1
rideau *m.* Vorhang, Gardine 6/13
rien nichts 2/12; **rien que** nur, nichts als 12/1
rire lachen 0/4; **ne riez pas** lachen Sie nicht 0/4
risquer de Gefahr laufen zu 8/3
rivalité *f.* Rivalität 10/A
robinet *m.* Wasserhahn 6/1
rôle: à tour de rôle abwechselnd 0/1
roman *m.* Roman 3/14
romantique romantisch 12/1
rongeur *m.* Nagetier 11/10
roue *f.* Rad 5/A
rougir rot werden 2/11
rouler fahren 1/10
routier/ère Straßen-, Verkehrs- 5/14
roux/rousse rothaarig 9/A
royauté *f.* Königtum 12/12
rubrique *f.* Rubrik 8/3

S

sable *m.* Sand 1/1
sacré/e sakral, heilig 12/A
sacrer qn/qc jdn/etw. zu etw. erklären 12/7
sagement artig 1/9
salaire *m.* Gehalt 7/1
salarié/e *m.f.* Arbeitnehmer/in 7/1
sale schmutzig 2/2
saleté *f.* Schmutz, Dreck 11/9
salir qc etw. schmutzig machen, verschmutzen 11/8
sanglier *m.* Wildschwein 11/16
sans doute wahrscheinlich, bestimmt 11/8
sans histoire problemlos, unauffällig, ruhig 3/8
sauf außer 8/7
sauvage wild 9/13
sauver qn/qc jdn/etw. retten 4/7
savoir *m.* Wissen 4/1
savoir wissen 4/7; **tu sais** du weißt 3/5
savon *m.* Seife 6/13
saxophone *m.* Saxophon 11/1
science *f.* Wissenschaft 1/12
scientifique wissenschaftlich 1/12
scolaire Schul- 7/2
script *m.* Drehbuch 5/1
sèche-cheveux *m.* Föhn 6/13
se sécher* sich trocknen 9/14
seconde *f.* Sekunde 4/14
seconde zweite/r/s 12/5
secours *m.* Hilfe 4/8
secrétariat *m.* Sekretariat 7/7
secteur tertiaire *m.* Dienstleistungssektor 10/4
sécurité *f.* Sicherheit 5/7
séduit/e bezaubert, hingerissen 3/5
sel *m.* Salz 0/4
sélectionner qn/qc jdn/etw. auswählen 7/6
sembler scheinen 10/4
sens littéral *m.* eigentlicher/wörtlicher Sinn 4/14
sensibilité *f.* Sensibilität 4/1
sensuel/le sinnlich 0/4
sentiment *m.* Gefühl 9/14

sentir qc riechen, *hier*: nach etw. riechen 12/7; **se sentir*** sich fühlen 9/1; **se sentir* bien dans sa peau** sich wohl in seiner Haut fühlen 9/9
séparer qn/qc jdn/etw. trennen 10/A
sérieux/euse ernst 2/8
serré/e *hier*: knapp 2/8
service militaire *m.* Militärdienst 3/8
serviette de toilette *f.* Hand-, Badetuch 6/1
seul/e *hier*: einzige/r/s 1/1
sévère streng 2/8
si *hier*: so 3/13
siècle *m.* Jahrhundert 10/4
siège *m.* Sitz 10/2
sieste *f.* Mittagschlaf 9/13
signification *f.* Bedeutung 6/2
simplement: tout simplement ganz einfach 4/3
simuler qc etw. simulieren 7/6
sincères salutations *f.Pl.* Mit freundlichen Grüßen 8/9
sirène *f.* Sirene 11/6
sirop *m.* Saft, Sirup 9/1
situé/e à gelegen in 11/16
slip *m.* Slip 2/A
social/e sozial 9/14
soie *f.* Seide 2/A
soigner qn jdn behandeln, pflegen 9/1
soirée *f.* Abend 1/7
soit ... soit entweder ... oder 7/2
soldes *m.Pl.* Schlussverkauf 2/8
solitaire einsam 11/9
sommaire *m.* Inhaltsverzeichnis 8/4
sommeil *m.* Schlaf 9/1
somnifère *m.* Schlafmittel 9/14
sonner klingeln 1/A; **être sonné/e** *ugs.* groggy sein 2/2
sortir* herausgehen 1/7, ausgehen 1/9
souci *m.* Sorge 11/8
souligner qc etw. unterstreichen 3/4
souple flexibel 7/1
souriant/e freundlich, heiter 9/8
sourire *m.* Lächeln 5/A
sourire lächeln 5/1
sous unter 4/A
sous-estimer qc etw. unterschätzen 12/1
soutenir qc etw. unterstützen 10/13
soutien-gorge *m.* Büstenhalter 2/A
souvenir *m.* Andenken 0/4
spécialisé/e spezialisiert 10/4
spectacle *m.* Vorstellung 1/12
spectateur/trice *m.f.* Zuschauer/in 4/1
spontanément spontan 10/A
spot publicitaire *m.* Werbespot 9/9
stage *m.* Praktikum 7/2
statut *m.* Statut 10/4
stress *m.* Stress 9/9
stressé/e gestresst 6/7
suffisant/e ausreichend 10/8
suite *f.* Folge, Fortsetzung 1/A
suivi de gefolgt von 8/6
sujet *m.* Thema 11/8
superbe wunderschön, herrlich 2/8
supérette *f.* kleinerer Supermarkt 6/7
supérieur/e Ober-, obere/r/s 7/2
supérieur/e hiérarchique *m.f.* Vorgesetzter/in 9/14
superstitieux/euse abergläubisch 5/5
supplémentaire zusätzlich 11/7
sur place vor Ort 1/12
sûrement sicherlich 3/2
surprendre qn jdn überraschen 12/8
surpris/e überrascht 3/10
susciter qc etw. erregen 10/13
syllabe *f.* Silbe 12/7
symbolique symbolisch 4/1
symboliser qc etw. symbolisieren 4/5
sympa *Abk.* **sympathique** sympathisch, nett 0/1
symptôme *m.* Sympton 9/5
synonyme *m.* Synonym 11/19
syntaxe *f.* Syntax 12/8
synthétique *m.* Synthetik 2/A
système solaire *m.* Sonnensystem 1/12

T

table: table basse *f.* Couchtisch 6/1; **table de nuit** *f.* Nachttisch 6/2
tableau d'affichage *m.* schwarzes Brett 11/7
talon *m.* Absatz 8/11
tandis que während 11/16
tant mieux um so besser 2/2
tante *f.* Tante 3/1
taux *m.* Rate 12/1
technique *f.* Technik 4/1
tel/le solche/r/s 1/3; **tel/le que qn/qc** so wie jd/etw. 7/2
téléphoner à qn jdn anrufen 1/7
témoignage *m.* Aussage 10/A
temps partiel *m.* Teilzeit 7/1
tendre zart, sanft 7/14
tendresse *f.* Zärtlichkeit 7/13
tenir qn/qc *hier*: jdn/etw. festhalten 6/13; **tenir qn au courant** jdn auf dem Laufenden halten 10/8; **tenir compagnie à qn** jdm Gesellschaft leisten 11/8; **tenir compte de qc** etw. berücksichtigen 6/12; **tenir en laisse** an der Leine halten 11/8; **tiens** *hier*: bitte 2/6; Sieh mal einer an!, Ach! 3/2
tente *f.* Zelt 11/A
terminer qc etw. beenden, abschließen 3/13
terrain de camping *m.* Campingplatz 11/A
terrible super, besonders 7/2
tête-à-tête *m.* zu zweit, unter vier Augen 1/10
textile *m.* Textil 10/4
TGV *m.* (*Train à Grande Vitesse*) *vgl.* ICE 1/7
thermal/e Thermal- 1/12
thermes *m.Pl.* Thermalbäder 1/1
thermomètre *m.* Thermometer 9/1
tiens *hier*: bitte 2/6; Sieh mal einer an!, Ach! 3/2
tiroir *m.* Schublade 6/1
tisane *f.* (Kräuter-)Tee 9/1
tomber umfallen 5/1; **tomber amoureux/euse de qn/qc** sich in jdn/etw. verlieben 3/5; **tomber en panne** eine Panne haben 7/10; **tomber mal** gerade ungelegen kommen 8/11
ton *m.* Ton 11/2
tonus *m.* Energie, Dynamik 9/9
tôt früh 1/7
total/e total 1/1
toucher qn/qc jdn/etw. berühren, anfassen 5/5
tout à l'heure soeben, gerade 3/2
tout en étant obwohl jd etw. ist 12/4
toutou *m.* Wauwau 11/8
trace *f.* Spur 12/A
traditionnellement traditionsgemäß 10/4
traité *m.* Vertrag 10/4
trajet *m.* Strecke, Weg 9/14
tranquille ruhig 8/1
transformer qc en qc etw. in etw. verwandeln 1/1
transports en commun *m. Pl.* öffentliche Verkehrsmittel 8/3
travailler du chapeau spinnen 2/15
travaux *m.Pl.* Bauarbeiten 10/8
travers: à travers durch 1/12
trèfle *m.* Kleeblatt 5/5
tremblement (de terre) *m.* (Erd-)Beben 1/12
trempé/e durchnässt 2/2
se tromper* sich irren, etw. verwechseln 5/1
trottoir *m.* Bürgersteig 11/8
trou *m.* Loch 12/7
troubler: être troublé/e unruhig sein 10/4
troupe *f.* Truppe 10/4
trouver: trouver chaussure à son pied den Richtigen finden 2/15; **se trouver*** sich befinden 6/2

U

l'un/e après l'autre einer nach dem anderen 2/A
une *f.* Titelseite, Titelblatt 8/3
unir qn/qc jdn/etw. verbinden, vereinen 10/A
usage *m.* Gebrauch, *hier*: Zweck 11/1

usine *f.* Fabrik 2/8
utile nützlich 4/14
utiliser qc etw. benutzen 1/5

V
vallée *f.* Tal 1/1
vaste weit 12/1
véhicule *m.* Fahrzeug 5/14
veilleur *m.* Wächter 3/11
venir* **à l'esprit de qn** jdm einfallen 7/13
vente *f.* Verkauf 7/7
ventre *m.* Bauch 9/A
vérification *f.* Überprüfung 5/7
vétérinaire *m.f.* Tierarzt/Tierärztin 9/7
victime *f.* Opfer 8/3
vidange *f.* Ölwechsel 5/7
vide leer 6/1
vie quotidienne *f.* Alltag 9/9
violence *f.* Gewalt 7/14
violent/e gewalttätig, brutal 7/14
visa *m.* Visum 12/1
vision *f.* Vorstellung, Ansicht 12/1
visite *f.* Besichtigung 1/12
visiteur/euse *m.f.* Besucher/in 1/12
vitalité *f.* Vitalität 9/9
vitesse *f.* Geschwindigkeit 10/7
vitrine *f.* Schaufenster 2/6; **faire du lèche-vitrines** einen Schaufensterbummel machen 9/13
vivre leben 3/8; **(vous) vivez** (Sie) leben 0/4
voie *f.* Gleis 10/8; Straße 8/1; **voie navigable** *f.* Wasserstraße 12/12
voisinage *m.* Nachbarschaft 11/1
voix *f.* Stimme 8/10; **à haute voix** laut 8/10
volant *m.* Lenkrad 5/7
volcanique vulkanisch 1/12
volcanisme *m.* Vulkanismus 1/12
voler qc etw. stehlen 2/1
voleur/euse *m.f.* Dieb/in 2/1;
Au voleur! Haltet den Dieb! 2/1
vouloir dire heißen 0/R; meinen 1/7
voyageur/euse *m.f.* Reisende/r 8/3

W
Westphalie *f.* Westfalen 10/4

Y
y dort 1/12

Z
zoo *m.* Zoo 11/16

Bildquellen

© Atelier du livre, Montolieu, S. 38 (unten links) – © Collection Tomi Ungerer, Musées de Strasbourg, Foto: N. Fussler, S. 92 (unten links) – © Corbis, S. 20, S. 22 (oben), S. 63 (1. Reihe Mitte), S. 65, S. 72 (unten), S. 75 (unten), S. 86, S. 87, S. 99 (c), S. 99 (d), S. 102 (rechts), S. 110, S. 112 (3. Reihe Mitte), S. 74, S. 43, S. 27 (4) S. 162 (Mitte) – © Cornelsen, Aubineau, S. 48; Litters, S. 99 (e); Runge, S. 30; Schulz, S. 14 (unten rechts u. links), S.19 – Crédit Vulcania: © Joël Damase, S. 16 (unten rechts) – © D. Daubian, S. 38 (oben links), S. 38 (rechts) – © Éditions Albert René, «Obélix et Compagnie», S. 22 (unten rechts) – © Éditions Jean-Claude Lattès, 2003, S. 76 – © Éditions SEFAM, 2002, extrait de «Le meilleur de Pétillon», Pétillon, S. 75 (oben), S. 79 – Fotex: © Granata, S. 27 (2) – © Francedias, S. 107; Francedias: © Jean Isenmann, S. 92 (Mitte rechts) – Ministère des Affaires Étrangères, Images de France, édition 2003, S. 66, S. 72 (oben), S. 73 (oben) – Imagine: © Dauner, S. 9 (Rodin) – © Jerrican, S. 99 (b); Jerrican: © Duranti, S. 55 (2. Reihe rechts); © Gaillard, S. 55 (oben), © LeScour, S. 39; © Thomas, S. 55 (unten rechts) – laif: © Hahn, S. 67; © Kruell, S. 63 (2. Reihe rechts); © Nascimento/REA, S. 63 (1. Reihe rechts); © REA, S. 63 (2. Reihe Mitte), S. 94; © Teichmann, S. 85; © Wegner, S. 63 (3. Reihe rechts); © Zuder, S. 99 (a) – © Laurent Salles, Strasbourg, 2003, S. 92 (unten rechts) – © Le Livre de Poche, S. 32 (rechts) – © Mauritius, S. 8, S. 9 (unten rechts), S. 12 (unten), S. 12 (oben links), S. 27 (1), S. 27 (3), S. 27 (5), S. 51, S. 55 (2. Reihe links), S. 57, S. 58, S. 59, S. 63 (1. Reihe links), S. 63 (2. Reihe links), S. 63 (3. Reihe Mitte), S. 102 (oben links), S. 103 (Mitte), S. 103 (links), S. 104, S. 108, S. 112 (1. Reihe rechts), S. 112 (1. Reihe links), S. 112 (2. Reihe rechts), S. 112 (3. Reihe rechts), S. 162 (links), S. 162 (rechts) – © Morgane, Saint-Malo, S.36 (Mitte u. oben links) – © Musée Hansi Riquewihr, S. 92 (oben links) – Pleynet reportage: © Gérard Pleynet, S. 91 – © Rapho/TOP: Champollion, S. 9 (oben), S. 9 (oben links) – © Photo RMN: Marbre, S. 83 – © Robin, Edgar, S. 109 – © Schapowalow: Messerschmidt, S. 112 (2. Reihe links); Thiele, S. 9 (unten links) – © Schuster: Ikeda, S. 12 (Mitte rechts) – © Sempé et Éditions Denoël, 1987, S. 35 – Studio X: © Gamma, S. 9 (2. von unten rechts) – Ullstein: © AP, S. 32 (unten), © Ahlf, S. 102 (Mitte links), © Peters, S. 103 (rechts), © Schmidtendorf, S. 55 (2. Reihe Mitte).

Textquellen

© CIEP/Service Culturel de l'Ambassade de France en R.F.A., DELF session janvier 2002, S. 45–46 – © CIEP/Service Culturel de l'Ambassade de France en R.F.A., DELF session janvier 2002, S. 80–82 – © Éditions Dupuis, 2003, Bercovici & Zidrou, «Le Boss N°5 Signez ici», S. 68 – © Éditions EMI/Auriat/Lebrail/Sevran, «Il venait d'avoir 18 ans», S. 43 – © Éditions Flammarion, Sim, «Elle est chouette ma gueule», 1983, S. 114, S. 160–161 – © Éditions Jean-Claude Lattès, Jeanne Lasco, «Premier Rendez-Vous», 2003, S. 76 – © Marsu by Franquin 2003 – www.gastonlagaffe.com S. 24 (unten) – © Éditions Plon, Raymond Devos, «Les sacs», dans: «Matière à rire», 1991, S. 40 – © Le Livre de Poche, Marie Cardinal, «La clef sur la Porte», 1972, S. 32 – © Éditions Raoul Breton, Linda Lemay, «Les maudits Français», S. 110. – «Y'a une fille qu'habite chez moi», Nicolini/Ravel-Chapuis © 2001 Universal Music Publishing, S. 60